学ぶ人は、
変えて
ゆく人だ。

目の前にある問題はもちろん、

人生の問いや、

社会の課題を自ら見つけ、

挑み続けるために、人は学ぶ。

「学び」で、

少しずつ世界は変えてゆける。

いつでも、どこでも、誰でも、

学ぶことができる世の中へ。

旺文社

もくじ

1 日目 be 動詞・一般動詞

学習日　　月　　日

基礎問題

解答➲別冊解答２ページ

1 be 動詞の現在形・過去形

次の文の(　　)内から適切な語を選び，記号を○で囲みなさい。

(1) We (ア is　イ am　ウ are) happy.

(2) My mother (ア is　イ am　ウ are) a teacher.

(3) You (ア is　イ am　ウ are) a good student.

(4) Mary (ア is　イ was　ウ were) tired last night.

(5) We (ア is　イ was　ウ were) classmates last year.

(6) Tom and I (ア am　イ are　ウ was) interested in science.

2 be 動詞の疑問文・否定文

次の文を(　　)内の指示にしたがって書きかえるとき，____に適切な語を入れなさい。

(1) I am a member of the club.（否定文に）

I ________ ________ a member of the club.

(2) The bag is mine.（否定文に）

The bag ________ ________ mine.

(3) The questions were difficult.（否定文に）

The questions ________ difficult.

(4) You are from Australia.（疑問文にかえて，Yesで答える）

________ ________ from Australia?

── Yes, I ________.

(5) Your brother was in the library yesterday.

（疑問文にかえて，No で答える）

________ ________ ________ in the library yesterday?

── No, ________ ________.

be 動詞の現在形・過去形

現在形	過去形
am	was
is	
are	were

知っトク　be 動詞の意味

・「～である」
We are students.
（私たちは学生です）

・「(～が)いる，ある」
They are in Tokyo.
（彼らは東京にいます）

be 動詞の疑問文・否定文

疑問文
You are a student.
→ Are you a student?
（あなたは学生ですか）
— Yes, I am.（はい）
— No, I am not.
（いいえ）

否定文
We were in Japan.
→ We were not in Japan.
（私たちは日本にいませんでした）

くわしく

主語・be動詞の短縮形
I am → I'm
you are → you're
he is → he's　など

be動詞＋notの短縮形
is not → isn't
are not → aren't
was not → wasn't
were not → weren't
など

3 There is[are] ~. の文

日本文に合うように，____に適切な語を入れなさい。

(1) 机の上にペンがあります。

There ________ a pen on the desk.

(2) 教室にたくさんの生徒たちがいますか。

________ ________ many students in the classroom?

(3) かばんの中には本が１冊もありませんでした。

There ________ ________ any books in the bag.

4 一般動詞の現在形・過去形

日本文に合うように，(　　)内の動詞を適切な形に直して____に入れなさい。

(1) ジョンは音楽が好きです。　John ________ music. (like)

(2) マキは英語を勉強します。Maki ________ English. (study)

(3) 私たちはテニスをしました。　We ________ tennis. (play)

(4) 私はイヌを飼っていました。　I ________ a dog. (have)

(5) 彼らは早く起きました。　They ________ up early. (get)

5 一般動詞の疑問文・否定文

日本文に合うように，____に適切な語を入れなさい。

(1) あなたはふだんこのコンピュータを使いますか。

——はい，使います。

________ you usually ________ this computer?

—— Yes, I ________.

(2) リエはパーティーを楽しみましたか。

——いいえ，楽しみませんでした。

________ Rie ________ the party?

—— No, she ________ ________.

(3) ジムは朝食を食べませんでした。

Jim ________ ________ eat breakfast.

(4) 兄は今日，学校に行きませんでした。

My brother ________ ________ to school today.

There is[are] ~. の文

〈There is[are]＋主語 ~.〉
「~に…がある[いる]」

注意！

〈There is[are]＋主語 ~.〉
↑ ここに合わせる！

be 動詞の形は，be 動詞の後ろにある主語に合わせる！
主語が単数 → is / was
主語が複数 → are / were

一般動詞の過去形

規則動詞

・-(e)dをつける
walk → walked
・y を i にかえて -ed をつける
try → tried
・子音字を重ねて -ed をつける
stop → stopped

不規則動詞

buy → bought
make → made
meet → met
take → took など

一般動詞の疑問文・否定文

疑問文

You live here.
→ Do you live here?
（あなたはここに住んでいますか）
— Yes, I do.（はい）
— No, I don't[do not].（いいえ）

否定文

I live in Japan.
→ I do not live in Japan.
（私は日本に住んでいません）

※疑問文・否定文とも，主語が３人称単数で，現在の文のときは，does を使う。
※過去の文では主語が何であっても did を使う。

1日目

be 動詞・一般動詞

得点　／100点

基礎力確認テスト

解答➡別冊解答 2 ページ

1 次の文の(　　)内から適切な語を選び，記号を○で囲みなさい。[3点×6]

(1) All of the children (ア is　イ are　ウ do　エ does) ten years old.

(2) There (ア is　イ are　ウ was　エ were) many trees here five years ago.

(3) There (ア are　イ were　ウ isn't　エ aren't) a library in this town.

(4) Ken (ア do　イ does　ウ is　エ was) not know the news.

(5) Jane doesn't (ア walk　イ walks　ウ walked　エ walking) to school.

(6) (ア Do　イ Does　ウ Did　エ Will) you study English last night?　〈栃木〉

2 次の対話が成り立つように，(　　)内から適切な語(句)を選び，記号を○で囲みなさい。

[4点×4]

(1) *A* : Where (ア do　イ are　ウ come　エ can) you from?　〈岩手改〉

B : I'm from Canada.

(2) *A* : (ア Is　イ Does　ウ Was　エ Did) there a museum near here?

B : No, there wasn't.

(3) *A* : Did you see Ms. Hill yesterday?

B : (ア Yes, I did　イ No, I wasn't　ウ No, she wasn't　エ Of course I will).

(4) *A* : (ア Does　イ Are　ウ Was　エ Did) your sister in the hospital?

B : Yes, but she's fine now.

3 次の各組の文がほぼ同じ内容を表すように，____に適切な語を入れなさい。[4点×3]

(1) We have a big park in our town.

_________ is a big park in our town.

(2) Keiko is a good singer.

Keiko _________ _________.

(3) My grandfather was a history teacher.

My grandfather _________ history.

4 次の対話が成り立つように，(　　)内の語(句)を並べかえなさい。ただし，文頭にくる語も小文字にしてあります。また，不要な語が1語含まれています。[5点×3]

(1) *A*：What (am / Hiroki / in / interested / is)?　〈神奈川〉

What ____?

B：Baseball. He knows a lot about baseball players.

(2) *A*：What do you have in your pencil case?

B：(an eraser and a pencil / have / are / there) in it.

____ in it.

(3) *A*：Does (songs / these / brother / like / likes / your)?　〈神奈川〉

Does ____?

B：Yes, he often sings them in his room.

5 日本文に合うように，(　　)内の語(句)を並べかえなさい。ただし，文頭にくる語も小文字にしてあります。また，不要な語が1語含まれています。[6点×3]

(1) あなたの英語の先生はニュージーランド出身ですか。

(from / English teacher / does / is / your) New Zealand?

____ New Zealand?

(2) グリーン先生は日本で楽しい時を過ごしましたか。

(a good time / did / had / have / Ms. Green) in Japan?

____ in Japan?

(3) けさは朝食用の牛乳がありませんでした。

(any / milk / not / there / was / were) for breakfast this morning.

____ for breakfast this morning.

6 次の日本文を英文にしなさい。[7点×3]

(1) タロウ(Taro)のイヌはテーブルの下にいます。

____

(2) リカ(Rika)は北海道に住んでいますか。

____

(3) 私はそのTシャツを買いませんでした。

____

2
日目

進行形・未来を表す表現

学習日　　月　　日

基礎問題

解答 ➲ 別冊解答3ページ

1 進行形の形と意味

進行形の文になるように，(　　)内の動詞を適切な形に直して____に入れなさい。

(1) I am _________ a book now. (read)

(2) Mary was _________ dinner at six yesterday. (make)

(3) Yuki is _________ in the park now. (run)

(4) They were _________ when I went to the river. (swim)

(5) I _________ using the computer now. (be)

(6) We _________ singing a song at that time yesterday. (be)

2 進行形の疑問文・否定文

次の文を(　　)内の指示にしたがって書きかえるとき，____に適切な語を入れなさい。

(1) You are listening to the CD. (疑問文にかえて，Yesで答える)

_________ you _________ to the CD?

—— Yes, I _________.

(2) The boy was sitting on the bed.

(疑問文にかえて，Noで答える)

_________ the boy _________ on the bed?

—— No, _________ _________.

(3) The baby is crying. (否定文に)

The baby _________ _________ _________.

(4) The students were cleaning the room. (否定文に)

The students _________ _________ _________ the room.

(5) Mike is eating <u>*natto*</u>. (下線部をたずねる疑問文に)

_________ _________ Mike eating?

進行形の形と意味

現在進行形

〈am [are, is] ＋動詞の -ing 形〉

「(いま)〜している」

I am studying English.

(私は(いま)英語を勉強しています)

過去進行形

〈was [were] ＋動詞の -ing 形〉

「〜していた」

He was playing tennis.

(彼はテニスをしていました)

くわしく

-ing 形のつくり方

・ふつうは -ing をつける

study → studying

・語尾が e：e を取り -ing をつける

use → using

・語尾が〈短母音＋子音字〉：子音字を重ねて -ing をつける

run → running

進行形の疑問文・否定文

be 動詞の文と同じ形。

疑問文

He was playing tennis.

→ Was he playing tennis?

— Yes, he was.

— No, he wasn't [was not].

否定文

He was playing tennis.

→ He <u>was not playing</u> tennis.

3 未来の文① be going to

次の文を未来の文に書きかえるとき，____に適切な語を入れなさい。

(1) I write a letter to Jane.

I ________ going ________ write a letter to Jane.

(2) We have lunch in the park.

We ________ ________ ________ have lunch in the park.

(3) Do you play the piano? —— Yes, I do.

________ you ________ ________ play the piano?

—— Yes, I ________.

(4) Does Kate cook fish? —— No, she doesn't.

________ Kate ________ ________ cook fish?

—— No, she ________.

(5) Mr. Sato doesn't come to school by car.

Mr. Sato ________ ________ to come to school by car.

4 未来の文② will

日本文に合うように，____に適切な語を入れなさい。

(1) 私は明日，靴を買うつもりです。

I ________ ________ shoes tomorrow.

(2) 父は今度の土曜日に車を洗うでしょう。

My father ________ ________ the car next Saturday.

(3) トムは明日の朝，野球を練習するでしょうか。

—— はい，するでしょう。

________ Tom ________ baseball tomorrow morning?

—— Yes, he ________.

(4) 彼らは明日，私たちを手伝うでしょうか。

—— いいえ，手伝わないでしょう。

________ they ________ us tomorrow?

—— No, they ________ ________.

(5) ケンは夕食を食べないでしょう。

Ken ________ ________ ________ dinner.

未来の文① be going to

〈be going to＋動詞の原形〉

「～するつもりだ」

「～するだろう」

I am going to visit Nara next week.

（私は来週，奈良を訪れるつもりです）

注意！

be 動詞は主語に合わせる！

主語が I → am

主語が you か複数 → are

主語が３人称単数 → is

疑問文と否定文

be 動詞の文と同じ形。

You are going to visit Nara.

→ Are you going to visit Nara?

— Yes, I am.

— No, I am not.

I am going to visit Nara.

→ I am not going to visit Nara.

知っトク 未来を表す語句

tomorrow「明日」

soon「まもなく」

next ～「次の［今度の］～」

未来の文② will

〈will＋動詞の原形〉

「～するだろう」

「～するつもりだ」

Tom will come to school tomorrow.（トムは明日，学校へ来るでしょう）

疑問文

Tom will come to school.

→ Will Tom come to school?

— Yes, he will.

— No, he won't [will not].

否定文

Tom will come to school.

→ Tom will not come to school.

2日目 進行形・未来を表す表現

得点 ／100点

基礎力確認テスト

解答➲別冊解答3ページ

1 次の(　　)内の動詞を適切な形に直して＿＿に入れなさい。直す必要がなければそのまま書くこと。[2点×6]

(1) *A*：What were you doing when I called you?　〈千葉〉

B：I was ＿＿＿＿ in the library. (study)

(2) Jack is ＿＿＿＿ a bath now. (take)

(3) The man was ＿＿＿＿ down the tree then. (cut)

(4) ＿＿＿＿ your sisters watching a movie now? (be)

(5) Nancy is going to ＿＿＿＿ China next month. (visit)

(6) Mr. Smith will ＿＿＿＿ to Kyoto soon. (move)

2 次の文の(　　)内から適切な語を選び，記号を○で囲みなさい。[2点×5]

(1) Tom and I (ア am　イ are　ウ was　エ were) eating lunch now.　〈栃木〉

(2) Sachiko (ア is　イ was　ウ were　エ will) washing the dishes then.

(3) (ア Are　イ Did　ウ Will　エ Were) you sleeping when I visited you?

(4) The new store (ア is　イ am　ウ will　エ do) going to open next week.

(5) (ア Is　イ Do　ウ Will　エ Does) it be rainy tomorrow?

3 次の対話が成り立つように，＿＿に適切な語を入れなさい。[4点×5]

(1) *A*：＿＿＿＿ you going ＿＿＿＿ make a cake tomorrow?

B：Yes, I ＿＿＿＿.

(2) *A*：＿＿＿＿ your brother visit the hospital tomorrow?

B：Yes, ＿＿＿＿ ＿＿＿＿.

(3) *A*：＿＿＿＿ ＿＿＿＿ you going to return to your country?

B：Next month.

(4) *A*：＿＿＿＿ you using this racket?

B：No, ＿＿＿＿ not.　You can use it.

(5) *A*：＿＿＿＿ Kate talking with Mr. Brown when you entered the room?

B：Yes, she ＿＿＿＿.

4 次の文を(　　)内の指示にしたがって書きかえなさい。[5点×5]

(1) My brother plays with the dog. (文末に now を加えて現在進行形の文に)

____

(2) We are going to play soccer. (否定文に)

____

(3) My father is forty. (文末 にnext month を加えて)

____

(4) Will it be cold next week? (be going to を使ってほぼ同じ内容を表す文に)

____

(5) She is making <u>fruit juice</u>. (下線部をたずねる疑問文に)

____

5 日本文に合うように，(　　)内の語(句)を並べかえなさい。ただし，文頭にくる語も小文字にしてあります。[5点×3]

(1) 姉が帰ってきたとき，私は宿題をしていました。〈北海道〉

I (doing / was / my homework) when my sister came home.

I ________________________ when my sister came home.

(2) 彼女は明日，学校に来ないでしょう。

(come / not / school / she / to / will) tomorrow.

________________________________ tomorrow.

(3) あなたはプールで泳ぐつもりですか。

(going / in / are / swim / the pool / to / you)?

____?

6 次の日本文を，(　　)内の語を用いて英文にしなさい。[6点×3]

(1) 私の母はそのとき，料理をしているところでした。(then)

____

(2) 私は将来，画家(painter)になるつもりです。(will)

____

(3) あなたは今夜(tonight)，英語を勉強するつもりですか。(to)

____

3 日目 助動詞

学習日　　月　　日

基礎問題

解答 ➲ 別冊解答 4 ページ

1 助動詞の文

日本文に合うように，(　　)内から適切な語を選び，＿＿に入れなさい。

(1) 私は泳ぐことができます。

I ________ swim. (can, may, must)

(2) トムは早く起きなければなりません。

Tom ________ get up early. (can, may, must)

(3) あなたたちはお互いに助け合うべきです。

You ________ help each other. (can, may, should)

(4) このコンピュータを使ってもよろしい。

You ________ use this computer. (can, should, must)

2 助動詞の疑問文・否定文

次の文を(　　)内の指示にしたがって書きかえるとき，＿＿に適切な語を入れなさい。

(1) We should walk every day. (疑問文にかえて, Yesで答える)

________ we ________ every day?

── Yes, we ________.

(2) Ken can speak English. (疑問文にかえて，Noで答える)

________ Ken ________ English?

── No, he ________.

(3) Nancy can play the guitar.

(be able to を使ってほぼ同じ内容を表す文に)

Nancy ________ ________ ________ play the guitar.

(4) We could see the moon. (否定文に)

We ________ ________ see the moon.

助動詞の文

〈助動詞＋動詞の原形〉の形で使う。助動詞の形は主語によってかわらない。

can	～できる ～してもよい
must	～しなければならない
should	～すべきだ
may	～かもしれない ～してもよい

He can play the piano.
(彼はピアノを弾くことができます)

助動詞の疑問文・否定文

疑問文

You can play the piano.

→ Can you play the piano?

— Yes, I can.

— No, I can't[cannot].

否定文

She can play the piano.

→ She can't[cannot] play the piano.

くわしく

can と be able to

どちらも「～できる」という意味。助動詞は2つ並べて使えないので，未来の文では be able to を使う。

○He will be able to swim.

×He will can swim.

過去の文では could，was[were] able to となる。

3 May[Can] I ~?, Can[Will] you ~?, Shall I[we] ~?

英文に合うように，[　　　]に適切な日本語を入れなさい。

(1) May I ask your name? —— Sure.

お名前を[　　　　　　　　　　　　]。—— いいですよ。

(2) Can you close the door? —— All right.

ドアを[　　　　　　　　　　　　]。—— いいですよ。

(3) Shall I bring some water? —— No, thank you.

お水を[　　　　　　　　　　　　]。—— いいえ，結構です。

(4) Shall we play tennis? —— Yes, let's.

テニスを[　　　　　　　　　　　　]。

—— はい，そうしましょう。

(5) Will you come with me? —— Sorry, I can't.

私と一緒に[　　　　　　　　　　　　]。

—— すみませんが，できません。

4 have[has] to の文

日本文に合うように，____に適切な語を入れなさい。

(1) 私は自分の部屋を掃除しなければなりません。

I _________ _________ clean my room.

(2) ヨウコは弟たちに昼食をつくってやらなければなりません。

Yoko _________ _________ make lunch for her brothers.

(3) サトシは病院に行かなければなりませんでした。

Satoshi _________ _________ go to the hospital.

(4) 私はその質問に答えなければなりませんか。

—— はい，答えなければなりません。

_________ I _________ to answer the question?

—— Yes, you _________.

(5) トモコは歌を歌わなければなりませんか。

—— いいえ，その必要はありません。

_________ Tomoko _________ _________ sing a song?

—— No, she _________ _________ to.

May[Can] I ~? Can[Will] you ~? Shall I[we] ~?

- May[Can] I ~?
  「~してもいいですか」
  相手に許可を求める表現。
- Can[Will] you ~?
  「~してくれませんか」
  相手に依頼する表現。
- Shall I ~?
  「(私が)~しましょうか」
  申し出る表現。
- Shall we ~?
  「(一緒に)~しましょうか」
  勧誘・提案する表現。

have[has] toの文

〈have[has] to+動詞の原形〉
「~しなければならない」
I have to go there.
(私はそこへ行かなければなりません)

くわしく

must と have to
どちらも「~しなければならない」という意味だが，must には過去形がないので，過去の文では had to を使う。

疑問文と否定文

一般動詞の文と同じ形。do[does, did]と not を使う。

I have to go there.
→ Do I have to go there?
— Yes, you do.
— No, you don't [do not] have to.

You have to go there.
→ You don't[do not] have to go there.(あなたはそこへ行く必要はありません)

注意!

must not：「~してはいけない」という〈禁止〉を表す。
don't have to：「~する必要はない」という〈不必要〉を表す。

3日目

助動詞

得点

／100点

基礎力確認テスト

解答➲別冊解答４ページ

1 日本文に合うように，＿＿に適切な語を入れなさい。[3点×5]

(1) 祖母はインターネットを使うことができます。

My grandmother ________ ________ the Internet.

(2) あなたは食べる前に手を洗うべきです。

You ________ ________ your hands before eating.

(3) 私は今日，宿題を終わらせなければなりません。

I ________ ________ finish my homework today.

(4) またあなたにメールをお送りしてもよろしいですか。

________ ________ send you an e-mail again?

(5) ７時に私に電話してくれませんか。

________ ________ call me at seven?

2 次の各組の文がほぼ同じ内容を表すように，＿＿に適切な語を入れなさい。[3点×3]

(1) Jane must come home by six in the evening.

Jane ________ ________ come home by six in the evening.

(2) We weren't able to climb the mountain.

We ________ ________ ________ the mountain.

(3) Don't take a picture here.

You ________ ________ take a picture here.

3 次の対話が成り立つように，＿＿に適切な語を入れなさい。ただし，それぞれ与えられている文字で始まる語を書くこと。[4点×2]

(1) *A*：Shall we go to the movie tonight?

B：Yes, l________.

(2) *A*：I'm going to buy some potatoes and eggs. Shall I buy some milk, too? 〈愛媛〉

B：No, thank you. I bought milk yesterday, so you don't h________ to buy it.

4 次の文を(　　)内の指示にしたがって書きかえなさい。[5点×4]

(1) Let's have lunch. (shall を使ってほぼ同じ内容を表す疑問文に)

____

(2) Please show me the picture. (can を使ってほぼ同じ内容を表す疑問文に)

____

(3) We can enjoy fishing in the lake. (will を加えて未来の文に)

____

(4) We must walk to the station. (文末に yesterday を加えて過去の文に)

____

5 日本文に合うように，(　　)内の語(句)を並べかえなさい。ただし，文頭にくる語も小文字にしてあります。また，(3)・(4)は不要な語が1語含まれています。[6点×4]

(1) このかばんを部屋に運んでもらえますか。〈北海道〉

Can (this bag / you / carry) to the room?

Can ______________________________ to the room?

(2) あなたをバス停まで連れていってあげましょうか。

(I / take / the bus stop / shall / to / you)?

______________________________?

(3) 今晩，妹の世話をしなければなりません。〈沖縄〉

I (of / must / take / for / care) my sister this evening.

I ______________________________ my sister this evening.

(4) 学校に遅れてはいけません。

You (late / don't / not / be / must) for school.

You ______________________________ for school.

6 次の日本文を(　　)内の語数で英文にしなさい。ただし，コンマやピリオド，?，!などの符号は1語として数えないものとします。[8点×3]

(1) あなたはここで食べたり飲んだりしてはいけません。(7語)

____

(2) あなたはたくさんの本を読むべきです。(5語)

____

(3) 私たちは今日，学校へ行く必要はありません。(8語)

____

4 日目

名詞・冠詞・代名詞

学習日　　月　　日

基礎問題

解答➡別冊解答5ページ

1 名詞の複数形

(　　)内の語を適切な形に直して____に入れなさい。直す必要がなければそのまま書くこと。

(1) There are three _________ in the room. (boy)

(2) I have four _________ today. (class)

(3) My mother bought five _________. (tomato)

(4) Mr. Smith visited six _________ this summer. (country)

(5) Seven _________ came to the party. (family)

(6) The tree has only eight _________. (leaf)

(7) Ms. Green has nine _________. (child)

(8) I want to have some _________. (milk)

2 冠詞

a, an, the のいずれか適切な語を____に入れなさい。入れる必要がなければ×を書くこと。

(1) There was _________ book on the table.

(2) I usually have _________ egg for breakfast.

(3) Who is _________ man over there?

(4) This is _________ Mary's bag.

(5) Tomoko can play _________ piano.

(6) There was _________ old tree in the park.

(7) What sport do you like?
—— I like _________ baseball.

(8) I went to the library by _________ bus.

名詞の複数形

数えられる名詞：複数形がある。例)cap → caps(帽子)
数えられない名詞：複数形はない。例) water (水)

くわしく

複数形のつくり方

・-s をつける
book → books

・-es をつける
box → boxes
watch → watches

・y を i にかえて -es をつける
city → cities

・f(e) を v にかえて -es をつける
life → lives

・不規則変化
man → men
tooth → teeth
sheep → sheep(同形)

冠詞

・a[an]：数えられる名詞の単数形の前につける。名詞が母音で始まる場合は an をつける。

・the：一度話題に出た名詞や，何をさすかわかる名詞，楽器名などの前につける。

There is a cat. The cat is mine.(ネコが1匹います。そのネコは私のです)

注意!

冠詞をつけない表現
go to bed「寝る」
go[come] to school「学校へ行く[来る]」
by car「車で」　など

3 人称代名詞

(　　)内から適切な語を選び，______に入れなさい。

(1) Mr. Brown teaches ______ English. (we, our, us)

(2) I went to a movie with ______. (they, their, them)

(3) I have a dog. ______ name is Shiro. (It, Its, Their)

(4) Mike has many CDs. These are all ______.
(he, his, him)

(5) Don't use my pen. Use ______. (you, your, yours)

4 it の特別用法

日本文に合うように，______に適切な語を入れなさい。

(1) 明日は晴れるでしょう。

______ will be sunny tomorrow.

(2) いま，4時15分です。

______ ______ four fifteen now.

(3) 昨日は11月5日でした。

______ ______ November 5 yesterday.

5 いろいろな代名詞

日本文に合うように，(　　)内から適切な語(句)を選び，______に入れなさい。

(1) 生徒の何人かは部活動に参加しませんでした。

______ of the students didn't join club activities.

(Some, Each)

(2) メンバー全員があなたに会いたがっています。

______ of the members want to see you.

(All, Some)

(3) 2匹のネコのうち1匹は白で，もう1匹は黒です。

One of the two cats is white and ______ is black.

(other, the other)

(4) 私は黒いかばんを持っていますが，赤いのがほしいです。

I have a black bag, but I want a red ______.

(it, one)

人称代名詞

単数

～は[が]	～の	～を[に]	～のもの
I	my	me	mine
you	your	you	yours
he	his	him	his
she	her	her	hers
it	its	it	－

複数

～は[が]	～の	～を[に]	～のもの
we	our	us	ours
you	your	you	yours
they	their	them	theirs

知っトク　指示代名詞

this「これ」, that「あれ」は，人やものをさす代名詞。複数形はそれぞれ，this → these，that → those。

it の特別用法

時間・天候・寒暖・曜日・日付などを表す文の主語になる。「それ」とは訳さない。
It is Friday.（金曜日です）

いろいろな代名詞

some「いくつか」
both「両方」
all「すべて，全員」
each「それぞれ」
other「ほかの人[もの]」
one「(…な)もの」

注意！

it は前に出た名詞をさすが，one は不特定のものをさす。
I have a car. It is old. I need a new one.（私は車を持っています。それは古いです。新しいのが必要です）

知っトク

2つのものの一方を one，他方を the other で表す。
There are two cars. One is blue and the other is red.（車が2台あります。1台は青で，もう1台は赤です）

4日目

名詞・冠詞・代名詞

得点 ／100点

基礎力確認テスト

解答➡別冊解答５ページ

1 次のＣとＤの関係が，ＡとＢの関係と同じになるように，____に適切な語を入れなさい。

［2点×4］

	A	B	C	D
(1)	racket	rackets	cherry	________
(2)	bus	buses	man	________
(3)	it	its	we	________
(4)	you	yours	I	________

2 次の(　　)内の語を適切な形に直して____に入れなさい。［2点×5］

(1) My mother loves these ________. (dish)

(2) The doctor saved many ________. (life)

(3) My father gave the watch to ________. (I)

(4) There are thirty students in our class. Sixteen of ________ are girls. (they)

(5) This is Mary. ________ mother is our math teacher. (she)

3 次の文の(　　)内から適切な語(句)を選び，記号を○で囲みなさい。［2点×4］

(1) There were a lot of computers in the library. I used (ア it　イ one　ウ other　エ both).

(2) There were two students in the room. One was a boy and (ア another　イ other　ウ the other　エ others) was a girl.

(3) I have two sisters. (ア All　イ Both　ウ Some　エ One) of them live alone now.

(4) I waited for her for more than (ア a　イ an　ウ the　エ some) hour.

4 次の文の下線部を１語の代名詞にかえて，____に入れなさい。［2点×3］

(1) Jiro and I are good friends.　　________ are good friends.

(2) Did you and Mary go shopping?　　Did ________ go shopping?

(3) I went fishing with Mike and his sister.　　I went fishing with ________.

5 次の対話が成り立つように，＿＿＿に適切な代名詞を入れなさい。[4点×3]

(1) Is this your notebook? —— No. It's not ＿＿＿＿＿.

(2) I saw Mr. Kaneko in front of the station yesterday.

—— Really? I saw ＿＿＿＿＿, too, near the library.

(3) How about this T-shirt?

—— It's too big for me. Do you have a smaller ＿＿＿＿＿?

6 次の文を(　　)内の指示にしたがって書きかえなさい。[6点×4]

(1) A child is playing in the park. (下線部を Some に)

＿＿＿＿＿＿＿＿＿＿＿＿＿＿＿＿＿＿＿＿＿＿＿＿＿

(2) She is a tennis player. (下線部を複数形に)

＿＿＿＿＿＿＿＿＿＿＿＿＿＿＿＿＿＿＿＿＿＿＿＿＿

(3) This is an interesting book. (very を加えて)

＿＿＿＿＿＿＿＿＿＿＿＿＿＿＿＿＿＿＿＿＿＿＿＿＿

(4) We will have rain tomorrow. (it を主語にしてほぼ同じ内容を表す文に)

＿＿＿＿＿＿＿＿＿＿＿＿＿＿＿＿＿＿＿＿＿＿＿＿＿

7 次の対話が成り立つように，(　　)内の語(句)を並べかえなさい。ただし，文頭にくる語も小文字にしてあります。[6点×3]

(1) Which is your glass? —— The one (the / mine / left / is / on).　〈千葉〉

The one ＿＿＿＿＿＿＿＿＿＿＿＿＿＿＿＿＿＿＿＿＿.

(2) What time is it in London? —— (in / is / it / seven / the morning).

＿＿＿＿＿＿＿＿＿＿＿＿＿＿＿＿＿＿＿＿＿＿＿＿＿.

(3) Are both of the dogs Ken's?

—— No. (but / his / is / is / one / other / the) mine.

＿＿＿＿＿＿＿＿＿＿＿＿＿＿＿＿＿＿＿＿＿ mine.

8 次の日本文を英文にしなさい。[7点×2]

(1) あのネコたちはあなたのですか。

＿＿＿＿＿＿＿＿＿＿＿＿＿＿＿＿＿＿＿＿＿＿＿＿＿

(2) 今日はとても寒いです。

＿＿＿＿＿＿＿＿＿＿＿＿＿＿＿＿＿＿＿＿＿＿＿＿＿

5日目 形容詞・副詞・接続詞・前置詞

学習日　　月　　日

基礎問題

解答➲別冊解答6ページ

1 形容詞の使い方

(　　)内の語が入る適切な位置を選び，記号を○で囲みなさい。

(1) The ア dog イ is ウ mine. (small)

(2) My ア bike イ is ウ. (new)

(3) That ア man イ is ウ my brother. (tall)

(4) Nancy ア lives in イ a ウ house. (big)

(5) There were ア flowers イ in the ウ garden. (many)

(6) Can you ア bring イ me ウ water? (some)

(7) He ア found イ something ウ in the park. (interesting)

2 副詞の使い方

(　　)内の日本語を参考に，下の□から適切な語を選び，_____に入れなさい。

(1) I _____ go fishing with my father. (ときどき)

(2) Kate _____ sends me e-mails. (しばしば)

(3) Her bag is _____ full of books. (いつも)

(4) I had to get up _____ this morning. (早く)

(5) John can swim _____. (速く)

(6) This is a _____ interesting movie. (とても)

(7) It is _____ hot today. (あまりにも)

(8) Mr. Smith came to Japan _____ a few days ago.

(ほんの)

always	early	fast	often
only	sometimes	too	very

形容詞の使い方

・〈形容詞＋名詞〉：名詞の前において，その名詞の性質や状態を説明する。

a big apple
(大きいリンゴ)
an easy book
(やさしい本)

・〈be 動詞＋形容詞〉：主語の性質や状態を説明する。

English is interesting.
(英語はおもしろい)

知っトク

数量を表す形容詞

many「多数の」
much「多量の」
a few「少数の」
a little「少量の」

注意！

〈-thing＋形容詞〉

something，anything など，-thing の語を修飾する形容詞は後ろにおく。

something new
(何か新しいこと)

副詞の使い方

動詞，形容詞，ほかの副詞などを修飾する。

Ken runs fast.
(ケンは速く走ります)

注意！

頻度を表す副詞は，ふつう一般動詞の前，be 動詞・助動詞のあとにおく。

3 接続詞

(　　)内から適切な語を選び，＿＿に入れなさい。

(1) John ＿＿＿＿ I are good friends. (and, or)

(2) Which would you like, tea ＿＿＿＿ coffee? (but, or)

(3) Please help me ＿＿＿＿ you are free now. (and, if)

(4) ＿＿＿＿ I came home, my mother was cooking.
(When, If)

(5) We couldn't play tennis ＿＿＿＿ it rained.
(so, because)

(6) I don't feel good, ＿＿＿＿ I want to go home.
(so, because)

(7) I think ＿＿＿＿ the woman is May's mother.
(when, that)

4 前置詞

[　　]内の日本語を参考に，(　　)内から適切な語を選び，○で囲みなさい。

(1) I was born (in　on) August 9. [8月9日に]

(2) Tom stayed with us (at　during) his summer vacation. [夏休み中に]

(3) We waited for the bus (for　during) thirty minutes. [30分間]

(4) Ms. Brown lived in Osaka (by　until) last year. [去年まで]

(5) I put my bag (by　to) the desk. [机のそばに]

(6) The cat is (under　on) the bed. [ベッドの下に]

(7) I'll take you (from　to) the station. [駅まで]

(8) Is there a convenience store (near　from) here? [この近くに]

(9) We went to a movie (by　with) Lisa. [リサと一緒に]

(10) Someone broke the windows (of　as) the building. [建物の]

接続詞

- and, but, or, so：語(句)と語(句)や文と文を対等な関係で結ぶ。
  Tom and Ken (トムとケン)
- when, if, because など：〈接続詞＋主語＋動詞 ～〉が副詞として働く。
  Ken was cooking when I called him. (私が電話したとき，ケンは料理中でした)
- that「～ということ」：〈that+主語+動詞 ～〉が動詞の目的語として働く。このthatは省略できる。
  I know (that) he runs fast. (彼は走るのが速いということを私は知っています)

前置詞

- 時を表す：
  〈at＋時刻〉「～に」
  〈on＋曜日・日〉「～に」
  〈in＋年・季節・月〉「～に」
  after「～のあとに」
  before「～の前に」
  during「～の間(中)」
  for「～の間」
  until「～まで(ずっと)」
- 場所を表す：
  in「～(の中)に[で]」
  at「～に[で]」
  on「～の上に」
  under「～の下に」
  by「～のそばに」
  from「～から」
  to「～まで」
  near「～の近くに[で]」
- その他：
  about「～について」
  as「～として」
  by「～で」
  for「～のために」
  like「～のように」
  〈... of ～〉「～の…」
  with「～と(一緒に)」

5 日目

形容詞・副詞・接続詞・前置詞

得点　　／100点

基礎力確認テスト

解答➲別冊解答 6 ページ

1 次の文の(　　)内から適切な語を選び，記号を○で囲みなさい。[2点×5]

(1) My sister works (ア as　イ by　ウ of　エ to) a music teacher in the school.

(2) I'm always sleepy (ア at　イ in　ウ for　エ on) the morning.

(3) I went to school (ア by　イ for　ウ of　エ with) bike today.

(4) Billy likes the singer, (ア but　イ if　ウ or　エ when) I don't.

(5) He says that students shouldn't wear school uniforms, but I don't agree (ア of　イ from　ウ in　エ with) him.　〈沖縄〉

2 日本文に合うように，____に適切な語を入れなさい。[4点×4]

(1) ジェーンは日本語は難しいと言います。

Jane ________ ________ Japanese is difficult.

(2) 私はたいていマリと一緒に学校へ行きます。

I ________ go to school ________ Mari.

(3) 教室には数人の生徒がいました。

There were ________ ________ students in the classroom.

(4) パーティーにいた人々はみな，何か赤いものを着ていました。

All the people at the party wore ________ ________.

3 次の対話が成り立つように，____に適切な語を入れなさい。ただし，それぞれ与えられている文字で始まる語を書くこと。[4点×3]

(1) *A* : When did you visit London?　〈愛媛〉

B : I went there d________ the winter vacation.

(2) *A* : What is your dream?　〈岩手改〉

B : I want to be a baseball player l________ Ichiro.

(3) *A* : I can't believe that you have become the best player in your team.　〈岩手改〉

B : I can't believe it, e________.

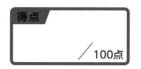

4 次の各組の文がほぼ同じ内容を表すように，____に適切な語を入れなさい。[4点×5]

(1) I moved from Miyagi last month.

I lived in Miyagi _________ last month.

(2) Ms. White is very kind to all, so everyone loves her.

Everyone loves Ms. White _________ she is very kind to all.

(3) You should read the book. I think so.

I think _________ you should read the book.

(4) This question is easy.

This is _________ _________ _________.

(5) Nancy is a good basketball player.

Nancy _________ basketball _________.

5 日本文に合うように，(　　)内の語を並べかえなさい。ただし，文頭にくる語も小文字にしてあります。[7点×3]

(1) 駅に着いたら私に電話してください。

Please (call / get / me / when / to / you) the station.

Please ____ the station.

(2) 私はいつも何かわくわくすることを探しています。

I'm (looking / exciting / for / always / something).

I'm ____.

(3) このような暑い日には，私たちはたくさんの水を飲まなければなりません。

(drink / on / much / must / water / we) such a hot day.

____ such a hot day.

6 次の日本文を英文にしなさい。[7点×3]

(1) 彼は昨日，ここから梅田(Umeda)まで歩きました。

____

(2) あなたはケイト(Kate)がピアノを弾けることを知っていますか。

____

(3) もし明日晴れたら，私は買い物に行くでしょう。

____

6 日目 比較表現

学習日　　月　　日

基礎問題

解答➡別冊解答７ページ

1 比較級・最上級

次の語の比較級・最上級を書きなさい。

原級	比較級	最上級
(1) small	________	________
(2) large	________	________
(3) big	________	________
(4) early	________	________
(5) useful	________	________
(6) popular	________	________
(7) good	________	________
(8) much	________	________

2 比較級の文

日本文に合うように，____に適切な語を入れなさい。

(1) この部屋は私の部屋よりきれいです。

This room is ________ ________ my room.

(2) ジョンはケンより速く泳ぎます。

John swims ________ ________ Ken.

(3) この本はあの本よりおもしろい。

This book is ________ interesting ________ that one.

(4) メアリーはユミよりテニスが上手です。

Mary plays tennis ________ ________ Yumi.

(5) あなたとレイコではどちらが年下ですか。

Who is ________, you ________ Reiko?

(6) イヌとネコではどちらがより速く走りますか。

Which runs ________, dogs ________ cats?

比較級・最上級

形容詞・副詞の原級の語尾に -er，-est をつけて比較級・最上級をつくる。

old – older – oldest

つづりの長い語は，原級の前にmore，mostをつけて比較級・最上級をつくる。

beautiful
- more beautiful
- most beautiful

不規則に変化する語もある。

good / well
- better - best

many / much
- more - most

くわしく

-er，-est のつけ方

・ふつうは -er，-est をつける
tall - taller - tallest

・-r，-st をつける
nice - nicer - nicest

・y を i にかえて -er，-est をつける
busy
- busier - busiest

・子音字を重ねて -er，-est をつける
hot - hotter - hottest

比較級の文

〈比較級＋than ...〉
「(２つを比べて)…より〜」
I am taller than Ken.
(私はケンより背が高い)

〈Which [Who] ... ＋比較級，A or B?〉「AとBではどちらがより〜か」

3 最上級の文

(　　)内の日本語を参考に，____に適切な語を入れなさい。

(1) My mother gets up the ________ in my family.
(いちばん早く起きる)

(2) I am ________ ________ of the four. (いちばん背が高い)

(3) This question is the ________ difficult of all.
(いちばん難しい)

(4) Taro is the best soccer player ________ all the members. (メンバー全員の中で)

(5) Mt. Fuji is the highest mountain ________ Japan. (日本で)

4 その他の比較の文

日本文に合うように，____に適切な語を入れなさい。

(1) このビルはあのビルと同じくらい高い。
This building is ________ high ________ that one.

(2) 私はネコよりイヌのほうが好きです。
I like dogs ________ ________ cats.

(3) 私はすべての映画の中でこの映画がいちばん好きです。
I like this movie the ________ ________ all movies.

(4) 彼女は世界で最も人気のある歌手の１人です。
She is ________ ________ the most popular singers in the world.

5 比較表現の書きかえ

次の文を(　　)内の指示にしたがって書きかえるとき，____に適切な語を入れなさい。

(1) Lake Biwa is the largest lake in Japan. (比較級の文に)
Lake Biwa is ________ than ________ other lake in Japan.

(2) My dog is not as big as yours. (比較級の文に)
Your dog is ________ than mine.

(3) He is busier than any other doctor in the world.
(最上級の文に)
He is the ________ ________ in the world.

最上級の文

〈the＋最上級＋in[of] ...〉
「(３つ以上を比べて)…の中でいちばん～」
This park is the most beautiful in our city.
(この公園は私たちの市でいちばん美しい)

くわしく
in と of の使い分け
〈in＋場所・範囲〉
in Japan, in this city
〈of＋複数を表す語句〉
of the five, of all

その他の比較の文

- 〈as＋原級＋as ...〉
「…と同じくらい～」
Koji is as tall as Ken.
(コウジはケンと同じくらいの背の高さだ)
- like A better than B
「BよりAが好きだ」
- like A the best
「Aがいちばん好きだ」
- 〈one of the＋最上級＋複数名詞〉
「最も～な…のひとつ」

比較表現の書きかえ

- 〈比較級＋than any other＋単数名詞〉
⇔〈the＋最上級＋単数名詞〉
He is taller than any other boy in his class.(彼はクラスのほかのどの男子よりも背が高い)
⇔ He is the tallest boy in his class. (彼はクラスでいちばん背が高い男子です)
- 〈not as＋原級＋as ...〉
⇔〈比較級＋than ～〉
My house is not as big as yours. (私の家はあなたの家ほど大きくありません)
⇔ Your house is bigger than mine.(あなたの家は私の家よりも大きい)

6日目

比較表現

得点

／100点

基礎力確認テスト

解答➡別冊解答７ページ

1 次の文の(　　)内から適切な語(句)を選び，記号を○で囲みなさい。［2点×4］

(1) This tree is (ア old　イ older　ウ very old　エ as old) as my grandfather.

(2) Yuki eats the most slowly (ア for　イ in　ウ of　エ with) our class.

(3) He plays the guitar (ア well　イ best　ウ most　エ better) than I.　〈沖縄〉

(4) Hiroshi has as (ア many books as　イ many as books　ウ more books as　エ more as books) I.

2 次の(　　)内の語を適切な形に直して＿＿に入れなさい。ただし，１語とは限りません。［3点×4］

(1) This summer is the ________________ in these fifty years. (hot)

(2) This cat is ________________ than that one. (pretty)

(3) I think "*Domo*" is the ________________ word in Japanese. (useful)

(4) I have fifty CDs.　〈千葉〉

── Really? But I think Tom has ________________ CDs than you. (many)

3 次の対話が成り立つように，＿＿に適切な語を入れなさい。ただし，与えられている文字で始まる語を書くこと。［4点］

A : English is the most difficult subject for me.　〈愛媛〉

B : Really? I think it's e__________ than math.

4 次の各組の文がほぼ同じ内容を表すように，＿＿に適切な語を入れなさい。［4点×3］

(1) My dog is smaller than that one.

That dog is __________ than mine.

(2) I can't speak English as well as Emi.

Emi can speak English __________ __________ I.

(3) This is the longest river in the country.

This river is longer than __________ __________ river in the country.

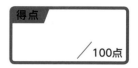

5 次の文を(　　)内の指示にしたがって書きかえなさい。[6点×3]

(1) I like apples.(「すべての果物の中で」という意味の語句を加えて，最上級の文に)

____

(2) Canada is larger than China.(「どちらがより大きいか」をたずねる疑問文に)

____

(3) I did not get up as early as my sister.

(I を主語にして，ほぼ同じ内容を表す比較級の文に)

____

6 日本文に合うように，(　　)内の語(句)を並べかえなさい。ただし，文頭にくる語も小文字にしてあります。[6点×3]

(1) 彼は，私たちの学校でいちばんテニスが上手です。　〈北海道〉

He is (the / tennis player / best) in our school.

He is ______________________________ in our school.

(2) バッハ(Bach)はほかのどの音楽家よりもすばらしいと思います。

I think Bach is (any / wonderful / more / musician / other / than).

I think Bach is ______________________________.

(3) あなたのかばんは私のほど重くありません。

(as / as / is / heavy / mine / not / your bag).

______________________________.

7 次の日本文を英文にしなさい。[7点×4]

(1) 私は数学よりも理科のほうが好きです。

____

(2) あなたとヨウコ(Yoko)ではどちらが上手にピアノを弾きますか。

____

(3) 京都(Kyoto)は日本で最も人気のある都市のひとつです。

____

(4) 3人の中で最も年上なのはだれですか。

____

7日目 不定詞・動名詞

学習日　　月　　日

基礎問題

解答➲別冊解答 8 ページ

1 不定詞の名詞用法・副詞用法・形容詞用法

[　　]内の日本語を参考に，(　　)内の語句が入る適切な位置を選び，記号を○で囲みなさい。

(1) I want ア a new イ bike ウ . (to buy) [買いたい]

(2) My plan ア is イ my old ウ friends. (to see) [旧友に会うこと]

(3) I went ア to the shop イ a CD ウ . (to buy) [CDを買うために]

(4) I have ア a lot of イ books ウ . (to read) [読むべき本]

(5) We are ア glad イ you ウ . (to see) [会えてうれしい]

2 It is ... (for –) to ～.

日本文に合うように，____に適切な語を入れなさい。

(1) メアリーにとって漢字を書くのは難しい。

It is difficult ________ Mary ________ write *kanji*.

(2) 私たちにとって他人に親切にすることは大切です。

It is ________ ________ us to be kind to others.

3 〈ask [tell, want] + 人 + to ～〉

日本文に合うように，____に適切な語を入れなさい。

(1) 父は私に私の部屋を掃除するように言いました。

My father told ________ ________ clean my room.

(2) ナンシーは私に水を持ってきてくれるように頼みました。

Nancy ________ me ________ bring her some water.

(3) 私は母にカレーをつくってほしい。

I ________ my mother ________ make curry.

不定詞の3用法

- **名詞用法**：「～すること」の意味で，文中で主語・補語・動詞の目的語になる。
- **副詞用法**：「～するために」の意味で目的を表す。直前の形容詞の原因・理由を表すこともある。
- **形容詞用法**：「～するための，～するべき」の意味で，前の(代)名詞を修飾する。

It is ... (for –) to ～.

「(–にとって)～するのは…だ」という意味を表す。It は訳さない。

It is important to study English. (英語を勉強することは大切です)

くわしく

〈for –〉は不定詞の動作をする人を表す。

It is easy for Ken to speak English. (ケンにとって英語を話すのは簡単です)

〈ask [tell, want] + 人 + to ～〉

- 〈ask [tell] + 人 + to ～〉「(人)に～してくれるように頼む[するように言う]」
  I asked Tom to help me. (私はトムに私を手伝ってくれるように頼みました)
- 〈want + 人 + to ～〉「(人)に～してほしい」
  I want you to make a cake. (私はあなたにケーキをつくってほしい)

4 〈疑問詞＋ to ～〉

(　　)内の日本語を参考に，____に適切な語を入れなさい。

(1) I don't know ________ to say to her. (何と言えばよいか)

(2) Do you know ________ ________ get to the station?
(どうやって行けばよいか)

(3) She doesn't know ________ ________ eat lunch.
(どこで食べればよいか)

(4) Tell me ________ ________ start. (いつ出発すればよいか)

(5) I can't decide ________ ________ choose.
(どちらを選べばよいか)

5 動名詞

(　　)内の動詞を適切な形(1語)に直して____に入れなさい。

(1) It stopped ________ soon after I came home. (rain)

(2) ________ up early is good for health. (get)

(3) My hobby is ________ pictures. (take)

(4) Bill likes ________ to music. (listen)

(5) Thank you for ________ me a letter. (send)

(6) My grandfather is interested in ________ a foreign language. (learn)

6 動詞の目的語になる不定詞・動名詞

次の文の(　　)内から適切な語(句)を選び，記号を○で囲みなさい。

(1) My parents want (ア traveling　イ to travel) in Europe.

(2) I finished (ア doing　イ to do) my homework three hours ago.

(3) Did you enjoy (ア playing　イ to play) soccer with them?

(4) I hope (ア entering　イ to enter) the school.

(5) Ms. Brown decided (ア going　イ to go) back to her country.

(6) The *traffic light was red, but the car didn't stop (ア moving　イ to move).

*traffic light　信号

〈疑問詞＋to ～〉

〈疑問詞＋to ～〉は名詞として働き，動詞や前置詞の目的語になる。

・how to ～「～の仕方，どうやって～すればよいか」
I don't know how to play the guitar. (私はギターの弾き方がわかりません)

・what to ～「何を～すればよいか」
Can you tell me what to do?(何をすればよいか私に教えてくれませんか)

・when to ～「いつ～すればよいか」
Do you know when to change tires? (いつタイヤを交換すればよいかわかりますか)

・where to ～「どこで[へ]～すればよいか」

・which to ～「どちら[どれ]を～すればよいか」

動名詞

動詞の-ing形で「～すること」の意味を表し，名詞の働きをする。文中で主語・補語・目的語になる。

知っトク

動名詞は前置詞の目的語になることもある。
Thank you for calling me. (私に電話をしてくれてありがとう)

動詞の目的語になる不定詞・動名詞

・不定詞を目的語にとる動詞
want, hope, decide など

・動名詞を目的語にとる動詞
enjoy, finish, stop など

・両方を目的語にとる動詞
like, start, begin など

7 日目

不定詞・動名詞

得点

／100点

基礎力確認テスト

解答➔別冊解答8ページ

1 次の文の(　　)内から適切な語(句)を選び，記号を○で囲みなさい。[3点×5]

(1) We enjoyed (ア watch　イ watched　ウ to watch　エ watching) the movie. 〈栃木〉

(2) I like (ア written　イ wrote　ウ writing　エ write) a letter to my grandmother. 〈沖縄〉

(3) We hope (ア receive　イ receiving　ウ received　エ to receive) a good answer.

(4) What were you doing? 〈岩手改〉

── I had a lot of work (ア do　イ did　ウ doing　エ to do).

(5) I'm going to visit the zoo (ア to see　イ see　ウ saw　エ seen) koalas.

2 次の(　　)内の語を適切な形に直して____に入れなさい。1語または2語で書くこと。[3点×5]

(1) The children wanted ________ the sandwiches. (eat)

(2) When did you finish ________ the book? (read)

(3) Jane went out without ________ a word. (say)

(4) My brother is good at ________ a tree. (climb)

(5) Please tell me where ________ during my stay in New Zealand. (go)

3 次の各組の文がほぼ同じ内容を表すように，____に適切な語を入れなさい。[4点×4]

(1) Singing *karaoke* is a lot of fun.

______ is a lot of fun ______ sing *karaoke*.

(2) What should I buy for my brother's birthday?　I can't decide it.

I can't decide ______ to ______ for my brother's birthday.

(3) Meg said to me, "Please play the piano for me."

Meg asked ______ to ______ the piano for her.

(4) Do you have any food?

Do you have anything ______ ______?

4 日本文に合うように，(　　)内の語(句)を並べかえなさい。ただし，文頭にくる語も小文字にしてあります。[6点×3]

(1) 兄の仕事はお年寄りの世話をすることです。

(care / job / taking / is / of / my brother's) old people.

________________________________ old people.

(2) ジェーンはその知らせを聞いて驚いた。

(the news / hear / to / Jane / surprised / was).

________________________________.

(3) 祖母にとってコンピュータを使うのは難しい。

It is (difficult / use / my grandmother / for / to) a computer.

It is ________________________________ a computer.

5 次の対話が成り立つように，(　　)内の語を並べかえなさい。[6点×3]

(1) *A* : I don't know why I often make my friends angry. 〈千葉〉

B : The important (think / before / thing / to / is) you speak.

The important ________________________________ you speak.

(2) *A* : I want to make this *origami* bird. Could you show (to / how / me / it / make)? 〈富山〉

Could you show ________________________________?

B : OK.

(3) *A* : Hello. This is Ryota. May I speak to John, please? 〈徳島改〉

B : Sorry, but he isn't back yet. Shall I tell (to / him / call / you) back?

Shall I tell ________________________________ back?

6 次の日本文を英文にしなさい。[6点×3]

(1) 私はまたあなたに会えてうれしい。

____

(2) 私たちはあなたにこの本を読んでほしい。

____

(3) 私は彼女の名前の読み方を知りませんでした。

____

8 日目

命令文・いろいろな文①

学習日　　月　　日

基礎問題

解答 ➲ 別冊解答 9 ページ

1 命令文

(　　)内の日本語を参考に，____に適切な語を入れなさい。

(1) ________ English every day. (勉強しなさい)

(2) ________ at the picture. (見なさい)

(3) ________ quiet in this room. (静かにしなさい)

(4) ________ eat the cake. (食べてはいけません)

(5) ________ ________ the computer. (使ってはいけません)

(6) ________ be afraid. (怖がってはいけません)

(7) ________ read the book. (読みましょう)

(8) ________ ________ shopping. (行きましょう)

2 〈主語＋動詞＋補語〉の文

英文に合うように，[　　　]に適切な日本語を入れなさい。

(1) My brother became a doctor.

兄は[　　　　　　　　　　　　　　　　　　]。

(2) Jane looks very happy.

ジェーンは[　　　　　　　　　　　　　　　　]。

(3) I feel hot now.

私はいま，[　　　　　　　　　　　　　　　　]。

(4) The plan sounds interesting.

その計画は[　　　　　　　　　　　　　　　　]。

(5) Mr. Green looked tired.

グリーン先生は[　　　　　　　　　　　　　　]。

(6) I felt sad when I heard the news.

その知らせを聞いて，私は[　　　　　　　　　]。

命令文

・〈動詞の原形 ～.〉
「～しなさい」
Clean your room.
(部屋を掃除しなさい)

・〈Don't＋動詞の原形 ～.〉
「～してはいけません」
Don't open the window.
(窓を開けてはいけません)

・〈Let's＋動詞の原形 ～.〉
「～しましょう」
Let's eat lunch.
(昼食を食べましょう)

知っトク　be 動詞の命令文

be 動詞は原形 be にする。否定の命令文では〈Don't be ～.〉となる。
Don't be late.
(遅刻してはいけません)

〈主語＋動詞＋補語〉の文

be 動詞，become「～になる」，look「～に見える」などの動詞には，主語を説明する補語が続く。
You look happy. (あなたは幸せそうに見えます)

くわしく

・feel「～に感じる」
I feel cold now.
(私はいま寒く感じます)

・sound「～に聞こえる，思える」
The idea sounds strange.
(その考えはおかしく思えます)

3 〈主語＋動詞＋目的語(人)＋目的語(もの)〉の文

日本文に合うように，(　　)内の語(句)が入る適切な位置を選び，記号を○で囲みなさい。

(1) 私はトムに消しゴムをあげました。

I gave ア an eraser イ . (Tom)

(2) ホワイト先生は私たちに英語を教えてくれます。

Mr. White teaches ア us イ . (English)

(3) マイクは彼のおばあさんにEメールを送りました。

Mike sent ア an e-mail イ . (his grandmother)

(4) 姉は私にドレスをつくってくれました。

My sister made ア a dress イ . (me)

(5) 彼は自分の電話番号を私に教えてくれました。

He told ア me イ . (his phone number)

(6) ナンシーは私たちに彼女のアルバムを見せてくれました。

Nancy showed ア her album イ us. (to)

(7) 父は私に自転車を買ってくれました。

My father bought ア for イ me. (a bike)

4 〈主語＋動詞＋目的語＋補語〉の文

日本文に合うように，____に適切な語を入れなさい。

(1) 私たちは彼をヒロ(Hiro)と呼びます。

We call ________ ________.

(2) 鈴木さんはそのネコをモモ(Momo)と名づけました。

Mr. Suzuki named the ________ ________.

(3) その手紙は彼女を悲しませました。

The letter made ________ ________.

(4) 私の友人たちは私をレイ(Rei)と呼びます。

My friends ________ ________ Rei.

(5) その画家はこの絵を『春(Spring)』と名づけました。

The painter ________ this picture "________".

(6) あなたはいつも私の心を温かくしてくれます。

You always ________ my heart ________.

〈主語＋動詞＋目的語(人)＋目的語(もの)〉の文

動詞のあとに目的語が2つ続く文。〈動詞＋目的語(もの)＋to[for]＋目的語(人)〉に書きかえられる。

I gave him a CD.

＝I gave a CD to him.

(私は彼にCDをあげました)

注意!

書きかえでtoを使うかforを使うかは動詞ごとに決まっている。

・toを使う動詞：
give, send, show, teach, tellなど

・forを使う動詞：
buy, makeなど

〈主語＋動詞＋目的語＋補語〉の文

目的語のあとに，目的語を説明する補語が続く。目的語と補語が「～は…だ」の関係になる。

I call her Sachi.

(私は彼女をサチと呼びます)

→herとSachiの間に「彼女はサチだ」という関係が成り立つ。

知っトク

〈主語＋動詞＋目的語(人)＋目的語(もの)〉との見分け方：目的語(人)と目的語(もの)は，「～は…だ」の関係にならない。

I gave him a CD.

→×「彼はCDだ」

くわしく

〈主語＋動詞＋目的語＋補語〉の形をとる動詞

call「～を…と呼ぶ」

name「～を…と名づける」

make「～を…にする」など

8 日目

命令文・いろいろな文 ①

得点 ／100点

基礎力確認テスト

解答➲別冊解答 9 ページ

1 次の文の(　　)内から適切な語(句)を選び，記号を○で囲みなさい。[2点×5]

(1) Ann's mother (ア sees　イ watches　ウ looks　エ looks at) young.

(2) The singer (ア came　イ became　ウ had　エ made) popular in Japan.

(3) Tom calls (ア Ken to me　イ Ken me　ウ me Ken　エ me to Ken).

(4) I sometimes teach (ア Japanese Mary　イ Mary Japanese　ウ to Japanese Mary　エ Mary to Japanese).

(5) (ア Be　イ Do　ウ Is　エ Don't) careful when you cross the street.

2 日本文に合うように，＿＿に適切な語を入れなさい。[4点×4]

(1) サトウさんは彼の赤ん坊をトシオ(Toshio)と名づけました。

Mr. Sato named his ＿＿＿＿ ＿＿＿＿.

(2) メアリーは私に数冊の本をくれました。

Mary gave ＿＿＿＿ ＿＿＿＿ ＿＿＿＿.

(3) おばは妹にセーターをつくってくれました。

My aunt made a sweater ＿＿＿＿ my sister.

(4) マイク，夕食の前に宿題を終わらせなさい。

Mike, ＿＿＿＿ your homework before dinner.

3 次の各組の文がほぼ同じ内容を表すように，＿＿に適切な語を入れなさい。[5点×4]

(1) I gave my brother new basketball shoes.

I gave new basketball shoes ＿＿＿＿ my brother.

(2) Shall we go to a movie next Saturday?

＿＿＿＿ ＿＿＿＿ to a movie next Saturday.

(3) You must not eat too much.

＿＿＿＿ ＿＿＿＿ too much.

(4) When I hear the song, I feel happy.

The song ＿＿＿＿ me ＿＿＿＿.

4 日本文に合うように，（　　）内の語(句)を並べかえなさい。ただし，文頭にくる語も小文字にしてあります。また，(1)は不要な語が1語含まれています。[6点×3]

(1) 私は両親からクリスマスプレゼントをもらいました。　〈沖縄〉

My parents (Christmas / me / gave / a / to) present.

My parents ______________________________ present.

(2) あなたのノートを見せてくれませんか。

(your notebook / me / you / show / can)?

______________________________?

(3) あなたはふだん，あなたの弟を何と呼びますか。

(call / do / usually / you / your brother / what)?

______________________________?

5 次の対話が成り立つように，（　　）内の語(句)を並べかえなさい。ただし，文頭にくる語も小文字にしてあります。[6点×3]

(1)〔*At school*〕　〈福島〉

A：Mr. Smith, I want to speak English better. What should I do?

B：Try to use it. (be / talking / afraid / don't / of) with others in English.

______________________________ with others in English.

(2) *A*：Enjoy your trip.　〈愛媛改〉

B：Thank you. I'll show (pictures / when / you / some) I come back.

I'll show ______________________________ I come back.

(3) *A*：What are these? They look like trees, but they're very small.

B：We (small *plants / call / these / "*bonsai*").　*plant　植物

We ______________________________.

6 次の日本文を英文にしなさい。[6点×3]

(1) ここで写真を撮ってはいけません。

____

(2) 私の母はとても悲しそうに見えました。

____

(3) このドレスはあなたをもっと美しくするでしょう。

____

9 日目

疑問詞・間接疑問文・感嘆文

学習日　　月　　日

基礎問題

解答➡別冊解答 10 ページ

1 疑問詞のある疑問文

対話が成り立つように，____に適切な疑問詞を入れなさい。

(1) ________ bag is this? —— It's Mary's.

(2) ________ broke the cup? —— I did.

(3) ________ did you come here? —— By bus.

(4) ________ did you buy the dress?

—— I bought it in Shibuya.

(5) ________ did you come to Japan? —— I came here in 1998.

(6) ________ are you doing? —— I'm listening to music.

(7) ________ are you tired?

—— Because I worked hard last night.

(8) ________ time is it in Paris? —— It's eleven o'clock.

(9) ________ bike is yours? —— The red one is.

2 〈How ＋形容詞[副詞] ～?〉

日本文に合うように，____に適切な語を入れなさい。

(1) そのバレーボール選手の身長はどのくらいですか。

________ ________ is the volleyball player?

(2) あなたは卵を何個買いましたか。

________ ________ eggs did you buy?

(3) このTシャツはいくらですか。

________ ________ is this T-shirt?

(4) あなたのおじいさんは何歳ですか。

________ ________ is your grandfather?

(5) あなたはどのくらいの頻度で渋谷に買い物に行きますか。

________ ________ do you go shopping in Shibuya?

疑問詞のある疑問文

what や who のような疑問詞は文頭におき，あとに疑問文の形を続ける。

疑問詞が主語のときは〈疑問詞(主語)＋動詞 ～?〉の語順になる。

Who is singing?
— Yumi is.
(だれが歌っているのですか — ユミです)

注意!

主語になる疑問詞は３人称単数として扱う。

What makes her sad?
(何が彼女を悲しませているのですか)

知っトク 〈疑問詞＋名詞〉

〈what＋名詞〉「何の～」
〈whose＋名詞〉「だれの～」
〈which＋名詞〉「どの～，どちらの～」

〈How＋形容詞[副詞] ～?〉

how は「どれくらい」の意味で，形容詞や副詞とともに，次のような内容をたずねる疑問文をつくる。

数：〈How many＋名詞の複数形 ～?〉
値段：How much ～?
年齢：How old ～?
長さ・期間：How long ～?
身長・高さ：How tall ～?
頻度：How often ～?

3 間接疑問文

[　　]内の日本語を参考に，(　　)内の語(句)を並べかえなさい。

(1) I don't know (is / that girl / who).

[あの女の子がだれか]

I don't know ______________________________.

(2) Do you know (is / what / it)? [それが何か]

Do you know ______________________________?

(3) I don't remember (met / where / I) you.

[どこで会ったか]

I don't remember ______________________ you.

(4) Do you remember (went / when / Tom) out?

[トムがいつ出かけたか]

Do you remember ______________________ out?

(5) I know (who / the letter / wrote).

[だれが手紙を書いたか]

I know ______________________________.

(6) Can you tell me (the game / will / when) start?

[いつ試合が始まるか]

Can you tell me ______________________ start?

4 感嘆文

次の文の＿＿に，HowかWhatのいずれか適切な語を入れなさい。

(1) ________ a kind girl Emily is!

(2) ________ beautiful these pictures are!

(3) ________ fluently you speak English!

(4) ________ a long tail the bird has!

(5) ________ difficult questions!

(6) ________ fast!

間接疑問文

疑問詞で始まる疑問文が別の文の中に組み込まれた形。組み込まれた疑問文は〈疑問詞＋主語＋動詞 ～〉の語順になる。

Who is he?
↓
I don't know who he is.
(私は彼がだれか知りません)

注意!

疑問詞のあとは疑問文の語順ではなくなることに注意！

What did he say?
↓
I don't know what he said.
(私は彼が何を言ったか知りません)

くわしく

疑問詞が主語の疑問文で間接疑問文をつくる場合は，〈疑問詞(主語)＋動詞 ～〉の語順はかわらない。

Who ate it?
↓
Do you know who ate it?
(だれがそれを食べたか知っていますか)

感嘆文

「なんて～だろう」

〈What (a[an])＋形容詞＋名詞＋主語＋動詞!〉
What a big dog it is!
(それはなんて大きいイヌなんでしょう)

〈How＋形容詞[副詞]＋主語＋動詞!〉
How well John sings!
(ジョンはなんて上手に歌うのでしょう)

知っトク

〈主語＋動詞〉は省略されることが多い。

疑問詞・間接疑問文・感嘆文

得点 ／100点

基礎力確認テスト

解答➡別冊解答10ページ

1 次の文の(　　)内から適切な語(句)を選び，記号を○で囲みなさい。[3点×4]

(1) How (ア many　イ much　ウ old　エ long) is your school?

── It's thirty years old.

(2) (ア How　イ Which　ウ What　エ Whose) bag is this? ── It's my sister's.

(3) Tell me where (ア did you go　イ you go　ウ you went　エ went you) last night.

(4) (ア Which　イ What　ウ How　エ Who) a cute baby he is!

2 日本文に合うように，＿＿に適切な語を入れなさい。[4点×3]

(1) そのとき教室に生徒は何人いましたか。

＿＿＿＿ ＿＿＿＿ students ＿＿＿＿ there in the classroom then?

(2) だれがこのコンピュータを使っているかわかりますか。

Do you know ＿＿＿＿ ＿＿＿＿ ＿＿＿＿ this computer?

(3) 何があなたをそんなに悲しくさせるのですか。　＿＿＿＿ ＿＿＿＿ you so sad?

3 次の対話が成り立つように，[　　　]に入る適切な文を選び，記号で答えなさい。[5点×2]

(1) *A* : Hello. This is Tom. Can I speak to Lisa, please?　〈北海道〉

B : I'm sorry, but she isn't here now.

A : [　　　]

B : Yes, she'll return home around four o'clock.

ア　How is she going to return home?

イ　Do you think she'll leave home today?

ウ　What time will she go out today?

エ　Do you know what time she'll come back?

(2) *A* : I'll give you one of the three caps. [　　　]

B : Let's see .... Well, I'll take the blue one.

ア　Which do you like the best?　　イ　Whose caps are they?

ウ　When did you buy them?　　エ　Who gave them to you?

4 次の文を(　　)内の指示にしたがって書きかえなさい。[6点×5]

(1) Takuya went to Canada to study English. (下線部をたずねる疑問文に)

____

(2) Where are you from? Can you tell me that? (ほぼ同じ内容を表す 1 文に)

____

(3) How tall is the tree? Do you know it? (ほぼ同じ内容を表す 1 文に)

____

(4) You speak Japanese very well. (howを使った感嘆文に)

____

(5) What time did you get up today? I want to know it. (ほぼ同じ内容を表す 1 文に)

____

5 次の対話が成り立つように，(　　)内の語を並べかえなさい。ただし，文頭にくる語も小文字にしてあります。[6点×3]

(1) 〔*At home*〕　〈福島〉

A : What are you doing, Tom?

B : I'm looking for my camera. Do (where / is / know / it / you)?

Do ____________________________________?

(2) *A* : (to / you / go / when / did) the concert?　〈富山〉

________________________________ the concert?

B : Last Sunday.

(3) *A* : (know / do / dog / whose / is / it / you)?

______________________________________?

B : Yes, I do. It is Ms. Brown's.

6 次の日本文を英文にしなさい。[6点×3]

(1) あなたはどのくらいしばしば映画を見に行きますか。

____

(2) だれがこの家を建てたのですか。

____

(3) あなたはなぜ彼女が泣いているか知っていますか。

____

10日目 受け身・いろいろな文②

学習日　　月　　日

基礎問題

解答➲別冊解答 11 ページ

1 受け身の文

A　日本文に合うように，____に適切な語を入れなさい。

(1) 京都は世界中の人々に訪れられます。

Kyoto ________ ________ by people from all over the world.

(2) この絵はトムによって描かれました。

This picture ________ painted ________ Tom.

(3) 地面はたくさんの葉でおおわれています。

The ground is ________ ________ a lot of leaves.

(4) 彼女の名前は町中の人々に知られています。

Her name is ________ ________ people around the town.

(5) 夕食は由里によってつくられるでしょう。

Dinner ________ ________ ________ by Yuri.

B　次の文を(　　)内の指示にしたがって書きかえるとき，____に適切な語を入れなさい。

(1) Ms. Green is loved by the students.

(疑問文にかえて，Yesで答える)

________ Ms. Green ________ by the students?

— Yes, ________ ________.

(2) The car was made in Japan.(疑問文にかえて，Noで答える)

________ the car ________ in Japan?

— No, ________ ________ ________.

(3) English is spoken in the country.(否定文に)

English ________ ________ ________ in the country.

(4) My classmates gave some flowers to Ms. White.

(下線部を主語にした受け身の文に)

Some flowers ________ ________ to Ms. White by my classmates.

受け身の文

〈be動詞＋過去分詞〉

「～される，～されている」

English is used around the world.

(英語は世界中で使われています)

be動詞の形は主語や時制に合わせる。「～によって」を表すときは，by～を受け身のあとにおく。

疑問文・否定文

be動詞の文と同じ。

疑問文：

Is English used around the world?(英語は世界中で使われていますか)

— Yes, it is./

No, it isn't[is not].

否定文：

This computer is not used by Tom.(このコンピュータはトムによって使われていません)

くわしく

by以外の前置詞を使う受け身

・be covered with ～

「～でおおわれている」

・be known to ～

「～に知られている」など

助動詞の文の受け身

〈助動詞＋be＋過去分詞〉

A new bridge will be built here.(新しい橋がここにつくられるでしょう)

2 〈主語＋ be 動詞＋形容詞＋ that ～〉の文

英文に合うように，[　　　]に適切な日本語を入れなさい。

(1) I'm sure that your idea is right.

私は[　　　　　　　　　　　　　　　　]と思います。

(2) I'm happy that he can join the festival.

私は[　　　　　　　　　　　　　　　　]うれしいです。

(3) I'm afraid that I have to go home.

[　　　　　　　　　　　　　　　　　　　　]。

3 〈主語＋動詞＋目的語＋ that ～〉の文

日本文に合うように，(　　)内の語を並べかえなさい。

(1) 彼は日本語を学んでいると私に言いました。

He (me / that / told) he studied Japanese.

He ______________________ he studied Japanese.

(2) 私が正しいことを彼らに示しましょう。

I will (show / I / that / them) am right.

I will ____________________________ am right.

(3) 石川先生は私たちに数学はおもしろいと教えてくれます。

Mr. Ishikawa (that / math / teaches / us) is interesting.

Mr. Ishikawa ____________________ is interesting.

4 〈主語＋動詞＋目的語＋動詞の原形 ～〉の文

日本文に合うように，____に適切な語を入れなさい。

(1) 彼らは私がその重い箱を運ぶのを手伝ってくれました。

They helped me ________ the heavy box.

(2) 先生は生徒たちに，その英語の本を読むのに辞書を使うことを許可しました。

The teacher ________ his students ________ a dictionary to read the English book.

(3) 母は私に皿洗いをさせました。

My mother ________ me ________ the dishes.

〈主語＋be動詞＋形容詞＋that ～〉の文

・be sure (that) ～「きっと～だと思う」

I'm sure (that) you will win. (きっとあなたは勝つと思います)

・be glad[happy] (that) ～「～してうれしい」

I was glad (that) I met her. (彼女に会えてうれしかったです)

・be afraid (that) ～「残念ながら～と思う」

I'm afraid (that) I can't help you now. (申し訳ありませんが，いまはあなたを手伝えません)

〈主語＋動詞＋目的語＋that ～〉の文

〈主語＋動詞＋目的語(人)＋目的語(もの)〉の「もの」の部分にthat節「～ということ」を入れた文。

この文で使われる動詞

tell「～に…を言う」

teach「～に…を教える」

show「～に…を見せる」

promise「～に…を約束する」など

〈主語＋動詞＋目的語＋動詞の原形 ～〉の文

・〈help＋目的語＋動詞の原形〉「…が～するのを手伝う」

I helped my mother cook. (私は母が料理するのを手伝いました)

・〈let＋目的語＋動詞の原形〉「…に～させておく」

He let me take a picture of him. (彼は私に，彼の写真を撮らせてくれました)

・〈make＋目的語＋動詞の原形〉「…に～させる」

The story made us laugh. (その物語は私たちを笑わせました)

10 日目

受け身・いろいろな文 ②

得点　　／100点

基礎力確認テスト

解答➲別冊解答 11 ページ

1 次の文の(　　)内から適切な語(句)を選び，記号を○で囲みなさい。[2点×4]

(1) Today's dinner was (ア make　イ made　ウ making　エ to make) by my father.

(2) The movie always makes me (ア cry　イ to cry　ウ crying　エ cried).

(3) The beautiful picture is known (ア to　イ of　ウ in　エ for) everyone.

(4) This machine (ア will be used　イ use　ウ uses　エ is using) by many people in the future.
〈神奈川〉

2 日本文に合うように，____に適切な語を入れなさい。[3点×4]

(1) 私にあなたのコンピュータを使わせてください。

Please ________ me ________ your computer.

(2) その手紙はあなたのおばさんによって書かれたのですか。

________ the letter ________ ________ your aunt?

(3) なぜ彼は多くの人々に愛されているのですか。

________ ________ he loved ________ a lot of people?

(4) その湖は氷でおおわれていました。

The lake was ________ ________ ice.

3 次の文を受け身の文に書きかえるとき，____に適切な語を入れなさい。[4点×4]

(1) People use the Internet every day.

The Internet ________ ________ every day.

(2) A strong wind broke the windows.

The windows ________ ________ ________ a strong wind.

(3) Yuki made a birthday cake for me.

A birthday cake ________ ________ for me ________ Yuki.

(4) Tom named his cat Leo.

Tom's cat was ________ ________ by Tom.

4 次の文を(　　)内の指示にしたがって書きかえなさい。[4点×4]

(1) He helped me.(「宿題をするのを」という意味の語句を加えて)

____

(2) My brother was taken to the hospital.(否定文に)

____

(3) More people will visit <u>the island</u>.(下線部を主語にした受け身の文に)

____

(4) The hamburger was made <u>two days ago</u>.(下線部をたずねる疑問文に)

____

5 次の対話が成り立つように,(　　)内の語(句)を並べかえなさい。ただし,文頭にくる語も小文字にしてあります。[6点×4]

(1) *A* : Look at my T-shirt. It's new. 〈高知〉

B : Wow, it has a nice color.

A : Yes. It (to me / by / given / was) my sister a week ago.

It ______________________________ my sister a week ago.

(2) *A* : (makes / eat / me / my mother / vegetables). I don't like them.

____ .

B : Your mother is right. Vegetables are good for your health.

(3) *A* : (are / eggs / many / for / how / needed) this cake?

______________________________________ this cake?

B : I used three eggs for it.

(4) *A* : Hello? This is Shota. May I speak to Daniel?

B : (that / isn't / afraid / I'm / he / at) home now.

______________________________________ home now.

6 次の日本文を英文にしなさい。[8点×3]

(1) 兄はよく私に勉強は大切だと言います。

____

(2) 昨日,この部屋は掃除されませんでした。

____

(3) この花は英語で何と呼ばれますか。

____

11 日目 関係代名詞・分詞の形容詞用法

学習日　　月　　日

基礎問題

解答➡別冊解答 12 ページ

1 主格の関係代名詞

下線部の語(句)に(　　)内の説明を加えるとき，____に適切な語を入れなさい。ただし，that は使わないこと。

(1) I have an uncle. (カナダに住んでいる)

I have an uncle ________ ________ in Canada.

(2) Rabbits are animals. (長い耳を持っている)

Rabbits are animals ________ ________ long ears.

(3) I'm reading a book. (英語で書かれている)

I'm reading a book ________ ________ written in English.

(4) The girl is Lisa. (昨日あなたを手伝った)

The girl ________ ________ you yesterday is Lisa.

(5) The bus has not arrived yet. (渋谷へ行く)

The bus ________ ________ to Shibuya has not arrived yet.

2 目的格の関係代名詞

日本文に合うように，____に適切な語を入れなさい。

(1) これは私が去年泊まったホテルです。

This is the hotel ________ ________ stayed at last year.

(2) メアリー(Mary)がつくるケーキはおいしい。

The cake ________ Mary ________ is delicious.

(3) ブラウン先生は私がいちばん好きな先生です。

Mr. Brown is the teacher ________ I ________ the best.

(4) 昨日あなたが会った男の子はトムです。

The boy ________ ________ yesterday is Tom.

主格の関係代名詞

関係代名詞は，名詞と，それを説明する文とをつなぐ働きをする。

I know a boy who can speak English.

(私は英語を話せる男の子を知っています)

主格の関係代名詞は，名詞を説明する文の中で主語の働きをする。

くわしく

・who：説明する名詞が「人」

・which：説明する名詞が「もの」

・that：説明する名詞が「人」でも「もの」でも使える。

注意!

主格の関係代名詞に続く動詞の形は，直前の名詞(先行詞)に合わせる！

目的格の関係代名詞

名詞を説明する文の中で目的語の働きをする関係代名詞。省略することができる。

・which：説明する名詞が「もの」

This is the bag (which) many girls want.

(これは多くの女の子が欲しがっているかばんです)

・that：説明する名詞は「人」でも「もの」でもよい。

This is the man (that) you want to see.

(こちらが，あなたが会いたがっている男性です)

3 現在分詞の形容詞用法

下線部の語句に(　　)内の説明を加えるとき，______に適切な語を入れなさい。

(1) The boy is John.（私の兄と話している）

The boy ______ with my brother is John.

(2) The moon was beautiful.（山の上で輝いている）

The moon ______ above the mountain was beautiful.

(3) The girl suddenly began to cry.（赤いドレスを着ている）

The girl ______ a red dress suddenly began to cry.

(4) The students look happy.（サッカーをしている）

The students ______ ______ look happy.

4 過去分詞の形容詞用法

A　次の２文を１文に書きかえるとき，______に適切な語を入れなさい。

(1) My father has a car. It was made in France.

My father has a car ______ in France.

(2) This is a picture. It was painted by my aunt.

This is a picture ______ by my aunt.

(3) The language is English. It is spoken in the country.

The language ______ in the country is English.

(4) We love the cakes. They are sold in that shop.

We love the cakes ______ in that shop.

B　次の文の(　　)内から適切な語を選び，○で囲みなさい。

(1) The girls (playing　played) tennis are my sisters.

(2) Soccer is a sport (playing　played) all over the world.

(3) Kyoto is the city (visiting　visited) by many tourists.

(4) He was a leader (working　worked) for the poor people.

(5) Susan gave me a book (writing　written) by a famous soccer player.

現在分詞の形容詞用法

現在分詞（動詞の-ing形）で始まる語句を使って，名詞を説明することができる。説明が「～している」という意味になるときは，現在分詞を使う。

The boy [standing there] is Mike.
(あそこに立っている男の子はマイクです)

知っトク

現在分詞１語だけで名詞を説明するときは，現在分詞を名詞の前におく。

The sleeping baby is Mike's sister.
(眠っている赤ん坊はマイクの妹です)

過去分詞の形容詞用法

名詞に対する説明が「～されている[された]」の意味になるときは，過去分詞を使う。

This is a car [made in Japan].
(これは日本でつくられた車です)

知っトク

過去分詞１語だけで名詞を説明するときは，過去分詞を名詞の前におく。

Don't touch the broken cup.
(割れたカップに触ってはいけません)

11 日目

関係代名詞・分詞の形容詞用法

得点

／100点

基礎力確認テスト

解答➡別冊解答 12 ページ

1 次の文の(　　)内から適切な語(句)を選び，記号を〇で囲みなさい。[2点×3]

(1) The hamburger that (ア eating　イ eaten　ウ you are eating　エ you are eating it) looks delicious.

(2) This is the letter (ア writing　イ written　ウ write　エ wrote) by my father. 〈栃木〉

(3) *A* : Who is that boy (ア playing　イ played　ウ plays　エ play) basketball in the park? 〈沖縄〉

B : Oh, he is my brother.

2 次の(　　)内の語を適切な形に直して＿＿に入れなさい。[4点×4]

(1) Do you know anyone who ＿＿＿＿ English well? (speak)

(2) One of the pictures ＿＿＿＿ by my brother got first prize in the contest. (take)

(3) I'm looking for a girl ＿＿＿＿ a large camera. (carry)

(4) *A* : Where have I heard of this song before? 〈千葉〉

B : Oh, it's a famous song ＿＿＿＿ at chorus festivals. (sing)

3 次の各組の文がほぼ同じ内容を表すように，＿＿に適切な語を入れなさい。[4点×5]

(1) She was looking at the baby who was sleeping in the bed.

She was looking at the baby ＿＿＿＿ in the bed.

(2) These pictures were taken by Mike.

These are the pictures ＿＿＿＿ ＿＿＿＿ taken by Mike.

(3) Nancy made a pretty dress.

The dress ＿＿＿＿ ＿＿＿＿ was pretty.

(4) This is a book liked by many children.

This is a book many children ＿＿＿＿.

(5) He is a famous writer.

He is a writer ＿＿＿＿ to many people.

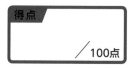

4 次の文を(　　)内の指示にしたがって書きかえなさい。[6点×3]

(1) The woman is going to return to America. She teaches me English.

(関係代名詞 who を使って 1 文に)

____

(2) The map is very useful. I bought it last month.

(関係代名詞 which を使って 1 文に)

____

(3) I have a friend. I call him Toshi. (関係代名詞 that を使って 1 文に)

____

5 次の対話が成り立つように，(　　)内の語(句)を並べかえなさい。ただし，文頭にくる語も小文字にしてあります。また，(4)は不要な語が 1 語含まれています。[6点×4]

(1) *A*：Hi, James. Where did you go during the summer vacation? 〈高知改〉

B：I went to Okinawa. I'll show you (I / the pictures / took) there.

I'll show you ______________________________ there.

(2) 〔*At a friend's house*〕 〈福島〉

A：You have a lot of books. What's your favorite book?

B：Well, I like Natsume Soseki. (him / written / book / by / this) is the most interesting to me.

______________________________ is the most interesting to me.

(3) *A*：What do you want to do in the future? 〈千葉〉

B：I want to (are / who / people / in / help) trouble.

I want to ______________________________ trouble.

(4) *A*：Who (listening / the / listened / is / girl / tall) to music over there?

Who ______________________________ to music over there?

B：She is my sister's friend. 〈神奈川〉

6 次の日本文を(　　)内の指示にしたがって英文にしなさい。[8点×2]

(1) 私はその窓を割った生徒を知っています。(関係代名詞を使って)

____

(2) トム(Tom)は日本製の腕時計を持っています。(7 語で)

____

12日目 現在完了・仮定法

学習日　　月　　日

基礎問題

解答➡別冊解答13ページ

1 現在完了の完了・経験・継続用法

日本文に合うように，____に適切な語を入れなさい。

(1) 私はちょうど宿題を終えたところです。

I ________ just ________ my homework.

(2) 私は以前沖縄を訪れたことがあります。

I ________ ________ Okinawa before.

(3) 私は3年間奈良に住んでいます。

I ________ ________ in Nara for three years.

(4) メアリーは先週から病院にいます。

Mary ________ ________ in the hospital ________ last week.

(5) ジェーンは一度もカズノコを食べたことがありません。

Jane ________ ________ eaten *kazunoko*.

(6) ボブはまだ部屋を掃除していません。

Bob ________ cleaned his room ________.

(7) あなたは今までに北海道に行ったことがありますか。
——はい，あります。

________ you ever ________ to Hokkaido?
—— Yes, ________ ________.

(8) もうお母さんに電話しましたか。

________ you called your mother ________?

(9) あなたはそのCDを何回聞いたことがありますか。

________ many ________ have you ________ to the CD?

(10) その男の子はどのくらいの間ギターを欲しがっているのですか。

________ ________ ________ the boy wanted the guitar?

現在完了
〈have[has]＋過去分詞〉
「～したところだ，～してしまった」〈完了〉
「～したことがある」〈経験〉
「(ずっと)～している」〈継続〉

くわしく

〈完了〉を表す現在完了とともによく使われる語句
already「(肯定文で)もう，すでに」
yet「(疑問文で) もう～，(否定文で) まだ～ (ない)」
just「ちょうど」 など

〈経験〉を表す現在完了とともによく使われる語句
ever「今までに」
never「一度も～ない」
once「1回」
～ times「～回」 など

〈継続〉を表す現在完了とともによく使われる語句
for「～の間」
since「～以来」
How long ～?「どのくらいの間～」 など

否定文
〈have[has] +not+ 過去分詞〉

疑問文
〈Have[Has] ＋主語＋過去分詞 ～?〉
答え方　Yes, I have. / No, I haven't[have not].

2 現在完了進行形

次の英文に(　　)内の語句を加えて現在完了進行形の文に書きかえるとき，＿＿＿に適切な語を入れなさい。

(1) I'm playing the video game. (for four hours)
　I have ________ ________ the video game for four hours.

(2) Mr. James is teaching English. (since 2015)
　Mr. James ________ ________ ________ English since 2015.

(3) It's raining. (for two days)
　It ________ ________ ________ for two days.

(4) Why are you waiting here? (for an hour)
　Why ________ you ________ ________ here for an hour?

3 仮定法

日本文に合うように，＿＿＿に適切な語を入れなさい。

(1) もし私が彼の住所を知っていれば，手紙を書くのに。
　If I ________ his address, I ________ write a letter to him.

(2) もし母がSFに興味があれば，一緒にその映画を楽しめるのに。
　If my mother ________ interested in science fiction, we ________ enjoy the movie together.

(3) もしあなたが彼に助けを求めれば，彼は手伝ってくれるのに。
　________ you ________ him for help, he ________ help you.

4 〈I wish＋仮定法〉

日本文に合うように，(　　)内の動詞を適切な形に直して＿＿＿に入れなさい。

(1) また彼女に会うことができればいいのに。
　I wish I ________ see her again. (can)

(2) 自分の部屋があればいいのに。
　I wish I ________ my own room. (have)

(3) 佐藤先生が私の先生ならいいのに。
　I wish Mr. Sato ________ my teacher. (be)

現在完了進行形

〈have[has] been＋動詞の-ing形〉「(今までずっと)～し続けている」
動作が過去から現在まで継続していることを表す。

I have been playing tennis for ten years. (私は10年間テニスをしています)

注意!
現在完了進行形で使うのは動作を表す動詞（study, stay, playなど）。状態を表す動詞（live, know, beなど）の継続は，現在完了の継続用法を使って表す。

仮定法

〈If＋主語＋(助)動詞の過去形 ～，主語＋助動詞の過去形＋動詞の原形 ....〉
「もし～なら，…だろうに」
If I had more money, I could buy a new car.
(もしもっとお金があれば，新しい車が買えるのに)

注意!
仮定法の文でif節にbe動詞を使う場合，主語に関係なくworoを使う。
If I were you, I would call her. (もし私があなたなら，彼女に電話するのに)

〈I wish＋仮定法〉

〈I wish＋主語＋(助)動詞の過去形 ～.〉
「～ならいいのに」
I wish you could come with me. (あなたが一緒に来られればいいのに)

12 日目

現在完了・仮定法

得点

／100点

基礎力確認テスト

解答➡別冊解答 13 ページ

1 次の文の(　　)内から適切な語(句)を選び，記号を○で囲みなさい。[3点×3]

(1) Have you ever (ア see　イ saw　ウ seen　エ seeing) her before?　〈神奈川〉

(2) I wish I (ア have lived　イ live　ウ living　エ lived) in Tokyo.

(3) 〔*At a party*〕　〈福島〉

A : You speak Japanese very well. How long have you been in Japan?

B : (ア Since　イ For　ウ From　エ By) three years. I love Japan very much.

2 英文に合うように，[　　　]に適切な日本語を入れなさい。[4点×5]

(1) Ms. Green has had the cat since 2010.

グリーンさんは[　　　　　　　　　　　　　　　　　　　　]。

(2) My grandmother has never been to a foreign country.

祖母は[　　　　　　　　　　　　　　　　　　　　]。

(3) Have you ever written a letter in English?

あなたは[　　　　　　　　　　　　　　　　　　　　]。

(4) The class has already started.

授業は[　　　　　　　　　　　　　　　　　　　　]。

(5) My dream hasn't come true yet.

私の夢は[　　　　　　　　　　　　　　　　　　　　]。

3 次の各組の文がほぼ同じ内容を表すように，＿＿に適切な語を入れなさい。[4点×3]

(1) Ms. Green started to live in Nagoya three years ago and still lives there.

Ms. Green ＿＿＿＿＿ lived in Nagoya ＿＿＿＿＿ three years.

(2) I want to go to the party, but I don't have time.

If I ＿＿＿＿＿ time, I ＿＿＿＿＿ go to the party.

(3) We have no rain for fifteen days.

It ＿＿＿＿＿ not ＿＿＿＿＿ for fifteen days.

4 次の文を(　　)内の指示にしたがって書きかえなさい。[5点×4]

(1) The singer is popular.(「2012年以来」という意味の語句を加えて，現在完了の文に)

(2) The bus has arrived at the station.(文末に yet を加えて否定文に)

(3) John is studying Japanese.
(「6年間」という意味の語句を加えて，現在完了進行形の文に)

(4) Mr. Suzuki has been an English teacher <u>for twenty years</u>.
(下線部をたずねる疑問文に)

5 次の対話が成り立つように，(　　)内の語を並べかえなさい。ただし，文頭にくる語も小文字にしてあります。[6点×3]

(1)〔*In an English class*〕　〈福島〉

A：We'll go to Kyoto on a school trip next month. (you / there / been / have / ever)?

________________________________?

B：Yes. I enjoyed visiting some old temples and shrines last winter.

(2) *A*：How (been / the / long / have / playing / you) flute?

How ________________________________ flute?

B：For about eight years.

(3) *A*：I'm thinking of visiting Hokkaido this month.　〈千葉〉

B：Again? (times / you / how / have / many) been there?

________________________________ been there?

6 次の日本文を英文にしなさい。[7点×3]

(1) 私は3回東京に行ったことがあります。

(2) ケイト(Kate)と私は子どものころからお互いを知っています。

(3) もしあなたが裕福だったら，何を買いますか。

13 日目 長文読解・英作文

学習日　　月　　日

基礎問題

解答➲別冊解答 14 ページ

1 長文読解

次の英文を読んで，(1)〜(3)の問いに答えなさい。

In 2013, Mt. Fuji became a *World Cultural Heritage site. I was happy to hear that, but there is something we must think about.

In the 1990s, the mountain was covered with *garbage. It was so *dirty that *UNESCO didn't make Mt. Fuji a World Cultural Heritage site then. But some people began cleaning activities. They worked hard and more people joined in the activities. Then it got cleaner than before and became a World Cultural Heritage site.

The news made people excited, and more *climbers are visiting Mt. Fuji. But (1)<u>that</u> may cause the problem again. [(2)] There are not enough *restrooms there. We must think about how to keep it clean.

(注) World Cultural Heritage site 世界文化遺産　garbage ごみ
dirty 汚い　UNESCO ユネスコ　climber 登山者　restroom トイレ

(1) 下線部(1)の内容を日本語で書きなさい。

[　　　　　　　　　　　　　　　　　　　　]

(2) [(2)] に入れるのに最も適切な文を1つ選び，記号を○で囲みなさい。

ア More people are joining the cleaning activities.

イ Many people pay money to keep the mountain clean.

ウ It is very cold at the top of the mountain even in summer.

エ Some climbers don't take their garbage home.

(3) 本文の内容に一致するものを1つ選び，記号を○で囲みなさい。

ア Many people were interested in cleaning Mt. Fuji in the 1990s.

長文読解

指示語の内容を問う問題の解き方

① 文の意味をつかみ，指示語の内容の見当をつける。
② 指示語より前の部分から，指示語の意味に合いそうな語(句)または文を探す。
it や that→名詞(句)，文
do so→動詞 〜
③ 指示語とおきかえて，意味が通るか確認する。

空所に入る語(句)や文を選ぶ問題の解き方

① 空所(を含む文)とその前後の意味のつながり方をつかむ。
つながり方の例：
・逆接・対比
(but，however)
・因果関係(because, so)
・例（for example)
・並列・追加(also, and)
② 選択肢を読み，意味のつながり方に合うものを選ぶ。
③ 当てはめてみて，意味が通るか確認する。

本文の内容に合っているかを判断する問題の解き方

① 選択肢の意味をつかむ。
② 選択肢の中にある語句や表現と同じもの，または似ているものを本文中から探し，その箇所の内容をつかむ。
③ 選択肢と本文が同じ意味になるかを確認する。
※選択肢の内容が本文中に書かれていないこともあるので注意する。

イ People in UNESCO worked hard to clean Mt. Fuji.

ウ We must not stop cleaning Mt. Fuji.

2 英作文

A　次の____に適切な語または文を入れなさい。

古い建物が見たいという友人に，今度の日曜日にこの市の古い神社(shrine)に連れていってあげましょうと提案する文を書こう。

(1) まず，「～してあげましょう」という提案は，「(私が)～しましょうか」と考えて，__________ I ～? で表す。

(2) 次に，「～に連れていく」は「あなたを～に連れていく」と補って考え，__________ you __________ ～ と表す。

(3) これらをまとめて，____

____と書けばよい。

B　次の____に適切な文を入れなさい。

あなたは将来，どんな職業につきたいですか。理由も含め，３文以上の英文で書きなさい。

(1) 自分がどんな職業につきたいかを英語で書く。「～の職業につく」は，簡単に「私は～になりたいです」と書けばよい。

____

(2) 次に，その職業につきたい理由を日本語で書く。「理由」は必ずしも「なぜなら～」と書く必要はなく，その職業につくことで何を実現したいかを書くだけでもよい。

[　　　　　　　　　　　　　　　　]

(3) (2)の日本文を英語で書く。長い文は２つの英文に分けると書きやすくなる。

____

____

(4) (1)と(3)をまとめて書き直し，全体の流れを確認する。

____

____

____

英作文

条件英作文の解き方

与えられた日本文や状況から，使用する文法や構文を考える。

使う文法や構文は日本文からほぼ決まるので，時制，人称，冠詞など，細かいところに気をつけて，ミスのない英文をつくる。

自由英作文の解き方

① 日本語で文章の流れを考える。基本的な文章の流れは，
- (1) 結論となる意見・主張
- (2) 意見・主張を支える要素
  - ・理由
  - ・対立する意見・主張への反論など
- (3) 結論の繰り返し（※(1)とは言い方をかえるとよい）

となる。条件によっては(3)は省略してもよい。

② ①の日本語を英語に直していく。自分が知っている単語や構文で表現できるように，必要に応じて日本語をやさしく書きかえる。

③ ミスがないかチェックしながら，文章全体の流れが不自然でないかをもう一度確認する。

知っトク

- ・I think (that) ～.「私は～だと思います」
- ・agree with ～「～に賛成である」
- ・don't agree with ～「～に賛成でない」
- ・First, ～. Second, ...「第一に，～。第二に，…」
- ・Also, ～.「さらに，～」
- ・may ～, but ...「～かもしれないが，…」
- ・for example「例えば」

13 日目

長文読解・英作文

得点

／100点

基礎力確認テスト

解答➡別冊解答 14 ページ

1 次の英文を読んで，各問いに答えなさい。[(1)(2)各15点　計30点]　〈鹿児島〉

Last summer, Kenta joined an *international exchange *program in America. Students from many countries joined, too. They talked with each other in English, but he couldn't enjoy speaking it. He worried about making mistakes.

During the program, the students were going to have a party and talk about their own cultures. Kenta thought, "I cannot speak English well. What should I do?"

He went to his teacher in the program. The teacher said, "You are afraid of making mistakes, right? You don't have to speak perfect English. You should just try."

At the party, the students began to talk about their cultures *one by one. Then Kenta's *turn came. He was afraid of making mistakes. So first, he began to draw his favorite **anime* *character. Then he slowly talked about it. He made some mistakes. But many students were interested in his speech and asked him a lot of questions. He talked a lot with them and had a good time.

Now, Kenta is not afraid of making mistakes and really enjoys speaking English.

(注)　international exchange 国際交流　program 事業　one by one 一人ずつ　turn 順番

anime 日本のアニメ　character 登場人物

(1) 本文の内容に合うものを，下の**ア**～**エ**の中から１つ選び，その記号を書け。

ア Before the party, Kenta thought that he could speak perfect English.

イ Before the party, Kenta asked the teacher about an *anime*.

ウ At the party, Kenta watched an *anime* with his friends.

エ At the party, Kenta spoke about an *anime* character he liked.　[　　]

(2) 本文の表題として最も適切なものを，下の**ア**～**エ**の中から１つ選び，その記号を書け。

ア Something Kenta Learned in a Program

イ A Good Friend Kenta Met in a Program

ウ An *Anime* Character Kenta Performed in a Program

エ The Country Kenta Visited in a Program　[　　]

2 中学生の久美(Kumi)は，友人のエマ(Emma)に，メールを送ることにした。伝えたいことは，私の誕生日に父親がカメラを買ってくれたので，冬休み中に一緒に写真を撮りに行かないかということである。あなたが久美なら，どのようなメールを書くか。下線部の内容を英語で書きなさい。[12点] 〈静岡改〉

3 次の【条件】に従い，自分の行きたい場所について，自分の考えや気持ちなどを含め，まとまった内容の文章を５文以上の英文で書きなさい。 [(1)8点，(2)5点，(3)15点　計28点] 〈埼玉〉

【条件】

(1) １文目は if という語を使い，「もし日曜日が晴れたならば，～に行きたい。」という文を，書きなさい。「～」の部分には自分の行きたい場所を書きます。

(2) ２文目には have という語を使い，(1)で書いた自分の行きたい場所に「行ったことがある」，または「行ったことがない」という内容の文を，書きなさい。

(3) ３文目以降は，なぜそこに行きたいのかが伝わるように，書きなさい。

(1)

(2)

(3)

4 次の意見に対して，あなたはどのように思いますか。あなたの考えを，賛成か反対かを明らかにする１文を含めて，４文以上の英文で書きなさい。[30点] 〈高知〉

Watching TV is good.

14 日目

会話表現

学習日　　月　　日

基礎問題

解答➲別冊解答 15 ページ

1 買い物での会話

買い物の場面での対話が成り立つように，下の□から適切な語を選び，＿＿に入れなさい。

A：May I (1)＿＿＿＿ you?

B：Yes. I'm (2)＿＿＿＿ for a shirt.

A：How (3)＿＿＿＿ this? It's very popular among young girls.

B：Can I (4)＿＿＿＿ it on?

A：Sure.

B：It's a little big for me. Do you have a (5)＿＿＿＿ one?

A：Wait a minute. Here you are. How about this?

B：It's nice. I'll (6)＿＿＿＿ it.

about	smaller	help	looking	take	try

2 道案内の会話

英文に合うように，［　　］に適切な日本語を入れなさい。

(1) Excuse me. How can I get to the station?

すみません。［　　　　　　　　　　　　］。

(2) Could you tell me the way to the park?

［　　　　　　　　　　　　］いただけませんか。

(3) Go straight and turn right at the department store.

まっすぐ行って，［　　　　　　　　　　　　］。

(4) You'll see the stadium on your left.

スタジアムは［　　　　　　　　　　　　］。

買い物での会話

店員

- May [Can] I help you?
  （いらっしゃいませ）
- How about ～?
  （～はいかがですか）
- Here you are.
  （はい，どうぞ）

客

- I'm looking for ～.
  （～を探しています）
- Do you have ～?
  （～はありますか）
- Can I try ～ on?
  （～を試着してもいいですか）
- I'll take ～.
  （～をいただきます）

道案内の会話

たずねる側

- Could [Would] you tell me the way to ～?
  （～へ行く道を教えていただけませんか）
- How can I get to ～?
  （～へはどうやって行けばいいですか）
- How long does it take to walk there?
  （そこまで歩いてどのくらい時間がかかりますか）

教える側

- Go straight and turn left at the second corner.
  （まっすぐ行って2つ目の角を左に曲がってください）
- It's on your right.
  （それは右側にあります）

3 電話での会話

電話での会話が成り立つように，［　　　］に入る適切な文を下の**ア**～**エ**の中から選び，記号で答えなさい。

(1) *A*：Hello.　This is Maki.　May I speak to Mr. Smith?

B：［　　　］ How are you, Maki?

(2) *A*：Hello.　This is Ken.［　　　］

B：Sorry, but he is out now.

A：［　　　］

B：Sure.

(3) *A*：Hello.　This is Jane.　Can I speak to Rika?

B：Sorry, but she isn't here.［　　　］

A：Yes, please.

ア May I speak to Bob?　　**イ** Speaking.

ウ Can I leave a message?　　**エ** Shall I take a message?

4 いろいろな会話表現

日本文に合うように，_____に適切な語を入れなさい。

(1) クッキーはいかがですか。――はい，いただきます。

_____ you _____ some cookies?

―― Yes, please.

(2) 出かけてはどうですか。

_____ don't you go out?

(3) 彼女に花をあげてはどうですか。

How _____ _____ her some flowers?

(4) ((3)に答えて)いいですね。

_____ good.

(5) どうしましたか。

What's _____ _____ you?

(6) 風邪をひいてしまいました。――それはお気の毒に。

I have caught a cold.

―― That's _____ _____.

電話での会話

かけた側

・Hello. This is ～ (speaking).
（もしもし。～です）

・May[Can] I speak to ～?
（～をお願いします）

・Can I leave a message?
（伝言をお願いできますか）

・I'll call back later.
（あとでかけ直します）

受けた側

・Speaking.（私です）
※May[Can] I speak to ～? に対して本人が答えるとき。

・Just a minute, please.
（少々お待ちください）

・I'm sorry, but ～ is out.
（すみませんが，～は出かけています）

・Shall I take a message?
（伝言をうかがいましょうか）

・You have the wrong number.
（番号をおまちがえです）

いろいろな会話表現

・Would you like some tea?
（お茶はいかがですか）
― Yes, please.
（はい，お願いします）
― No, thank you.
（いいえ，結構です）

・Why don't you ～?
（～してはどうですか）

・How about -ing?
（～するのはどうですか）

・Sounds good.
（いいですね）

・Thank you very much.
（どうもありがとう）
― You're welcome.
（どういたしまして）

・I'm sorry.（ごめんなさい）
― That's OK.
（いいですよ）

・What's wrong with you?
（どうしましたか）

・That's too bad.
（それはお気の毒に）

14 日目

会話表現

得点　　／100点

基礎力確認テスト

解答➡別冊解答 15 ページ

1 次の対話が成り立つように，[　　　]に入る適切なものを選び，記号で答えなさい。[5点×6]

(1) *A*：How about another piece of cake?　〈栃木〉

B：[　　　]　I've already had enough.

ア Sure.　　イ That's a good idea.

ウ No, thank you.　　エ No problem.

(2) *A*：Thank you for playing with my dog today.　He looked very happy.

B：[　　　]　I was happy, too.

ア Here you are.　　イ No, thank you.

ウ You're welcome.　　エ Let's see.

(3) *A*：Hello.　I'm Suzuki.　I'd like to talk to Mr. Brown.　〈栃木〉

B：[　　　]

ア Speaking.　How are you?　　イ See you again.　Goodbye.

ウ That's all.　Thank you.　　エ Never mind.　I can do it myself.

(4) *A*：It has stopped raining.　[　　　]

B：That's a good idea.　Will you help me?

ア What are you going to do next?　　イ Do you know when it'll rain again?

ウ Where did you get wet?　　エ Why don't you wash the car?

(5) *A*：Happy birthday!　This is a present for you.　〈徳島〉

B：Thank you.　May I open it?

A：Sure.　[　　　]

ア I hope you'll like it.　　イ I'll never buy it.

ウ You don't have to.　　エ You like to go shopping.

(6) *A*：Hi.　Can I have two hamburgers, please?　〈岩手改〉

B：For here or [　　　]?

A：For here, please.

ア go　　イ gone　　ウ to go　　エ going

2 次の対話が成り立つように，____に適切な語を入れなさい。[7点×4]

(1) *A* : I'm late. I'm sorry.

B : That's ________ right. No problem.

(2) *A* : I'm ________ for a skirt.

B : How about this one?

A : It looks good. I'll take it.

(3) *A* : Excuse me. Where is the bank?

B : Turn left at the next corner. It's ________ your right.

(4) *A* : How about going to the new Chinese restaurant?

B : ________ good. Let's meet in front of it at six.

3 次の対話が成り立つように，(　　)内の語を並べかえなさい。ただし，文頭にくる語も小文字にしてあります。[7点×3]

(1) *A* : What (you / to / would / like / drink)?　〈宮崎〉

What ________________________________?

B : Tea, please.

(2) *A* : (how / it / long / take / will) to walk to the city office?

________________________________ to walk to the city office?

B : It's too far. You should take a taxi.

(3) *A* : These shoes look nice. (them / can / try / I) on?

________________________________ on?

B : Sure.

4 次のようなとき英語でどう言いますか。(　　)内の語数で書きなさい。ただし，コンマやピリオド，?，!などの符号は1語として数えないものとします。[7点×3]

(1) 相手がけがをしたと聞いて，「それはお気の毒に」と言うとき。(3語以上)

____

(2) 電話をかけてきた相手に，番号がちがっていると伝えるとき。(5語)

____

(3) 電話をかけた相手が不在だったときに，電話を取った人に「伝言をお願いできますか」と言うとき。(5語以上)

____

第1回　3年間の総復習テスト

時間……30分

解答➲別冊解答16ページ

得点　／100点

1 次の文の(　　)内から適切な語(句)を選び，記号を○で囲みなさい。[2点×7]

(1) Tom and I (ア am　イ are　ウ was　エ were) eating lunch now.　〈栃木〉

(2) If you (ア study　イ are studying　ウ studied　エ will study) harder, you could get a good score on the test.

(3) Let's play baseball (ア or　イ if　ウ so　エ but) the weather is nice tomorrow.　〈沖縄〉

(4) My father is a doctor. (ア Help　イ Helps　ウ Helped　エ Helping) sick people is his job.　〈沖縄〉

(5) The boy (ア sleep　イ slept　ウ sleeping　エ to sleep) by the window is Masaki.　〈栃木〉

(6) Will you tell me how (ア get you　イ getting　ウ can get　エ to get) to the station?　〈神奈川〉

(7) When (ア Ken will come　イ Ken comes　ウ Ken was coming　エ Ken came) home, please give him my message.　〈栃木〉

2 次の対話が成り立つように，＿＿に適切な語を書きなさい。ただし，それぞれ与えられている文字で始まる語を書くこと。[2点×4]

(1)　〈岩手〉
A : This bridge looks very old.
B : Yes. It was b________ about 100 years ago.
A : Wow, it's really old!

(2)　〈岩手〉
A : Tomorrow is Kumi's birthday.
B : Yes. I'm going to give a birthday present to her tomorrow.
A : What are you going to give her?
B : Well, you have to wait u________ tomorrow.

(3)　〈岩手〉
A : Let's go.
B : Wait. There is a bag here. W________ bag is this?
A : Oh, it's mine. Thank you for telling me.

(4)
A : Satsuki came to school today. She was sick for a week.
B : Really? I'm glad t________ she got well.

3 次の対話が成り立つように，(　　)内から適切な語(句)を選び，記号を○で囲みなさい。

[2点×6]

(1)〔*In a classroom*〕 〈福島〉

A：Do you know whose notebook this is?

B：I've seen it on Keiko's desk before. So maybe it's (ア she イ she's ウ her エ hers).

(2) *A*：(ア How イ Which ウ What エ Where) beautifully she sings!

B：Yeah. I think she can sing better than any other member of the chorus.

(3)〔*After school*〕 〈福島〉

A：I want to play basketball well like you. What is important to be a good basketball player?

B：I think it's important to keep (ア practice イ practicing ウ practiced エ to practice).

(4) *A*：Who carried this map to the classroom? 〈岩手〉

B：(ア He was Ryota イ Ryota has ウ Ryota was エ Ryota did).

A：Thank you, Ryota. Now, let's begin the class.

(5) *A*：I think this picture is very beautiful. 〈沖縄〉

B：Yes, it makes (ア our イ us ウ we エ ours) happy.

(6) *A*：Excuse me, I'm (ア looking イ watching ウ finding エ seeing) for the City Hall. 〈沖縄〉

B：Turn right at the next corner. It's on your left.

4 次の各文の____に入る適切な語を下の□から選び，適切な形に直して入れなさい。ただし，□内の語は１度しか使えません。[3点×4] 〈沖縄〉

(1) *A*：What are you doing, Yukari?

B：I am ________ for my English test.

(2) Takeshi is the ________ baseball player in our team.

(3) Kenichi went fishing and he ________ five fish.

(4) The song is ________ by many children all over the world.

become	catch	good	many
sing	spend	stand	study

5 日本文に合うように，(　　)内の語(句)を並べかえなさい。ただし，不要な語が1語含まれています。[3点×4]

(1) 彼女は3時間音楽を聞き続けています。

She (to music / for / been / since / listening / has) three hours.

She ＿＿＿＿＿＿＿＿＿＿＿＿＿＿＿＿＿＿＿＿ three hours.

(2) あなたはだれかギターが上手な人を知っていますか。〈沖縄〉

Do you know (who / the guitar / which / plays / anyone) well?

Do you know ＿＿＿＿＿＿＿＿＿＿＿＿＿＿＿＿＿＿＿＿ well?

(3) 私たちは日曜日に学校に行かなくてもよい。〈沖縄〉

We (have / go to / must / don't / to) school on Sunday.

We ＿＿＿＿＿＿＿＿＿＿＿＿＿＿＿＿＿＿＿＿ school on Sunday.

(4) これは1835年にその王が建てた城です。〈沖縄〉

This is (by / the castle / the king / built / build) in 1835.

This is ＿＿＿＿＿＿＿＿＿＿＿＿＿＿＿＿＿＿＿＿ in 1835.

6 次の対話が成り立つように，[　　　]に入る適切な文を選び，記号で答えなさい。[3点×3]

(1) *A* : Did you watch TV yesterday?〈徳島〉

B : [　　　] I watched a soccer game on TV.

ア Yes, I was.　　イ No, I wasn't.

ウ Yes, I did.　　エ No, I didn't.

(2) *A* : Did you go to see the basketball game yesterday?〈北海道〉

B : Yes. [　　　]

A : No, I didn't. But I heard it was so exciting.

ア How was it?　　イ How about you?

ウ What did you see?　　エ Why did you see it?

(3) 〔*At home*〕〈福島〉

A : Look, Judy. I made this chocolate cake. [　　　]

B : Yes, please. It looks delicious.

ア Can you give me some?　　イ Did you buy it for me?

ウ Would you like some?　　エ Will you tell me how to make it?

7 次の対話が成り立つように，(　　)内の語(句)を並べかえなさい。ただし，文頭にくる語も小文字にしてあります。[3点×7]

(1) *A*：How about this blue jacket? 〈岩手改〉
B：I like the color, but it's (small / for / too) me.
I like the color, but it's ______________________________ me.

(2) *A*：I (what / don't / know / do / to) first. 〈千葉〉
I ______________________________ first.
B：OK. Go to the library and find some books about fine arts.

(3) *A*：Do you know this singer? I want to know his name. 〈徳島〉
B：Yes, (the man / call / Billy / people). He is very popular now.
Yes, ______________________________.

(4) *A*：Are you sure (this / you / book / is / the) left on the train? 〈千葉〉
Are you sure ______________________________ left on the train?
B：Of course I am. It's mine.

(5) *A*：Is this your first time to come to Kochi? 〈高知改〉
B：Yes. So I don't know (visit / I / should / where).
So I don't know ______________________________.

(6) *A*：(ever / been / you / have / to) Tokyo? 〈富山〉
______________________________ Tokyo?
B：No, this is my first time to visit Tokyo.

(7) *A*：Do you like soccer? 〈富山〉
B：Yes. Soccer (most / sport / is / the / exciting) to me.
Soccer ______________________________ to me.

8 次のようなとき，英語でどう言いますか。英文を書きなさい。[4点×3]

(1) どのくらいの期間日本語を勉強しているかたずねるとき。 〈富山改〉

____

(2) 好きな日本の食べ物をたずねるとき。 〈三重改〉

____

(3) 翌日のスピーチについて，「何について話すつもりか」を相手にたずねるとき。 〈沖縄改〉

____

第2回　3年間の総復習テスト

時間……30分

解答➲別冊解答18ページ

得点　／100点

1 次の対話が成り立つように，(　　)内の語を適切な形に直して____に入れなさい。[3点×3]

(1) *A*：Where did you go for summer vacation?　〈千葉〉

B：I visited many ________ in Australia. (city)

(2) *A*：Who ________ you English last year? (teach)　〈千葉〉

B：Mr. White did.

(3) *A*：What's the ________ month of the year? (four)　〈千葉〉

B：It's April.

2 次の文章が完成するように，(　　)内の語を適切な形に直して____に入れなさい。[3点×3]

There (1)________ (be) some festivals for children in Japan. We have Children's Day. It is a festival (2)________ (hold) in May. We also have *Shichigosan* in November. Both of (3)________ (they) are festivals to wish for children's good luck.　〈茨城〉

3 日本文に合うように，(　　)内の語(句)を並べかえなさい。ただし，(2)～(4)は不要な語が1語含まれています。[4点×4]

(1) もし私たちの町に来たら，私たちを訪ねてください。　〈北海道〉

Please visit (you / us / if) come to our town.

Please visit ______________________________ come to our town.

(2) 父がいま，家にいてくれればいいのに。

(were / wish / is / my father / home / I / at) now.

____ now.

(3) ケンはまだ宿題を終えていません。　〈沖縄〉

Ken (not / does / his homework / finished / has) yet.

Ken ____ yet.

(4) 母は，いつも部屋をきれいにしておきます。　〈沖縄〉

My mother (clean / keeps / tells / always / the room).

My mother ______________________________________.

4 次の対話が成り立つように，(　　)内の語を並べかえなさい。ただし，(6)・(7)は不要な語が1語含まれています。[4点×7]

(1) *A*：Yoko, (Japanese / use / don't) during this game.　〈岩手改〉

Yoko, ______________________________ during this game.

B：OK, I won't.

(2) *A*：Mary, you have a nice bag.　〈愛媛〉

B：Thank you, Kyoko. My grandmother (it / me / to / gave) for my birthday.

My grandmother ______________________________ for my birthday.

(3) *A*：Look. There are many people in that shop.　〈千葉〉

B：It is famous (in / bikes / for / made / selling) France.

It is famous ______________________________ France.

(4) *A*：I have two pictures. I'll show them to you.　〈岩手改〉

B：Oh, the picture (better / Hiraizumi / in / than / looks / taken) the picture of Mt. Iwate.

Oh, the picture ______________________________

the picture of Mt. Iwate.

(5) *A*：Is there (do / you / me / want / to / anything), Mom?　〈岩手改〉

Is there ______________________________, Mom?

B：Yes. Can you get some eggs at the supermarket?

(6) *A*：Please show us (to / used / do / using / what / by) a computer.　〈神奈川〉

Please show us ______________________________ a computer.

B：OK, I will.

(7) *A*：I need another large box like this one.　〈神奈川〉

B：Well, I (is / that / think / box / as / than) large as this one.

Well, I ______________________________ large as this one.

5 次の日本文を英文にしなさい。[6点×2]

(1) 私の誕生日を覚えていてくれてうれしいです。　〈長崎改〉

____

(2) あなたは彼が教室を掃除するのを手伝いましたか。

____

6 次の英文を読んで，(1)~(4)の問いに答えなさい。 〈栃木〉

［(1) 5点，(2)5点×2，(3)4点，(4)7点　計26点］

About 2,000 years ago, a man in China *developed the way to make paper from trees. Before then, people used other things to write on. People tried to write on many things, like rocks or the *skin of animals. Later, people thought that paper made from trees was the best for writing, and people started using (1)<u>it</u>.

As you know, we use paper for books, newspapers, or paper cups. We also use it to make *cardboard boxes. Some people think that paper is too soft to make a box and that it is better to use plastic or *metal. Actually, these things are stronger than paper, but we can make paper strong when we put many pieces of paper together. When we finish using cardboard boxes, we can easily recycle and *dispose of them. Also, they are light and it is easy to carry them. These are (2)<u>their good points</u>.

Do you know "*high performance paper"? This is special paper. There are many kinds of "high performance paper" in the world. For example, there is paper which is strong (　　) water. We can write on it in the rain or in the water. There is paper which is strong (　　) fire. We use this kind of paper as *wallpaper in houses. Some companies are developing new kinds of high performance paper. These new kinds of paper are useful and [　　　]. What can we do with "high performance paper" in the future?

（注） develop 開発する　skin 皮　cardboard 段ボール　metal 金属　dispose of ～を処分する　high performance paper 機能紙　wallpaper 壁紙

(1) 下線部(1)が指す内容を，本文中から４語で抜き出して答えなさい。

____

(2) 次の文は下線部(2)の具体的な内容を表している。［　　］に適切な日本語を入れなさい。

・リサイクルしやすくて，処分しやすい。

・①［　　　　　　　　　　］ので，②［　　　　　　　　　　］。

(3) 本文中の(　　)に共通して入れるものとして最も適切なものを選び，記号を○で囲みなさい。

ア on　　イ with　　ウ through　　エ against

(4) 本文中の[　　]に入れるものとして最も適切なものを選び，記号を○で囲みなさい。

ア they may make our lives better　　イ they are too soft to make a box

ウ they don't have any special points　　エ they will show us how to make paper

中学3年間の総復習 英語　改訂版

とりはずして使用できる!

別冊解答

実力チェック表

「基礎力確認テスト」「総復習テスト」の答え合わせをしたら，自分の得点をぬってみましょう。ニガテな単元がひとめでわかります。得点の見方は，最終ページの「受験合格への道」で確認しましょう。

日	単元	0　10　20　30　40　50　60　70　80　90　100(点)	復習日
1日目	be動詞・一般動詞		月　日
2日目	進行形・未来を表す表現		月　日
3日目	助動詞		月　日
4日目	名詞・冠詞・代名詞		月　日
5日目	形容詞・副詞・接続詞・前置詞		月　日
6日目	比較表現		月　日
7日目	不定詞・動名詞		月　日
8日目	命令文・いろいろな文①		月　日
9日目	疑問詞・間接疑問文・感嘆文		月　日
10日目	受け身・いろいろな文②		月　日
11日目	関係代名詞・分詞の形容詞用法		月　日
12日目	現在完了・仮定法		月　日
13日目	長文読解・英作文		月　日
14日目	会話表現		月　日
第1回	3年間の総復習テスト		月　日
第2回	3年間の総復習テスト		月　日

➔得点の見方は最終ページ「受験合格への道」へ

1 日目 be 動詞・一般動詞

基礎問題 解答

➡ 問題 2 ページ

1 (1) ウ　(2) ア　(3) ウ　(4) イ　(5) ウ　(6) イ

2 (1) am not　(2) is not　(3) weren't　(4) Are you, am　(5) Was your brother, he wasn't

3 (1) is　(2) Are there　(3) were not

4 (1) likes　(2) studies　(3) played　(4) had　(5) got

5 (1) Do, use, do　(2) Did, enjoy, did not　(3) did not　(4) didn't go

基礎力確認テスト 解答・解説

➡ 問題 4 ページ

1 (1) イ　(2) エ　(3) ウ　(4) イ　(5) ア　(6) ウ

2 (1) イ　(2) ウ　(3) ア　(4) ウ

3 (1) There　(2) sings well　(3) taught

4 (1) (What) is Hiroki interested in (?)　(2) There are an eraser and a pencil (in it.)
(3) (Does) your brother like these songs (?)

5 (1) Is your English teacher from (New Zealand?)
(2) Did Ms. Green have a good time (in Japan?)
(3) There was not any milk (for breakfast this morning.)

6 (1) Taro's dog is under the table.　(2) Does Rika live in Hokkaido?
(3) I didn't [did not] buy [get] the [that] T-shirt.

1 (1) 主語が複数。 (2) 主語の many trees が複数で，過去の文。 (3) 主語の a library が単数なので，isn't を選ぶ。**和訳** この町には図書館はありません。 (4) 一般動詞(know)を使った文で，主語(Ken)が 3 人称単数。 (5) doesn'tのあとの動詞は原形にする。 (6) 過去の文。

2 (1) 応答文で am が使われている。**〈be 動詞＋from 〜〉は「〜の出身だ」。** (2) 応答文で was が使われている。 (3) Did you 〜?「あなたは〜しましたか」に対する応答は，Yes, I did.／No, I didn't[did not].となる。 (4) 応答文に注目。「はい，でも彼女はいまは元気です」と言っているのだから，A は「あなたのお姉さん[妹さん]は入院していたのですか」とたずねたとわかる。

3 (1) 1 つ目の文は「私たちは私たちの町に大きな公園を持っています」＝「私たちの町には大きな公園があります」という意味なので，There is 〜.「〜がある」で書きかえることができる。 (2)「ケイコは上手な歌い手です」＝「ケイコは上手に歌います」と考え，Keiko sings well. とする。 (3)「私の祖父は歴史の教師でした」＝「私の祖父は歴史を教えていました」と考え，teach「〜を教える」の過去形taughtを入れる。

4 (1) 疑問詞のあとは疑問文の語順になる。be interested in 〜は「〜に興味を持っている」。am が不要。 (2)「筆箱の中に何がありますか」という質問に対する応答。there があるので，There is[are] 〜.「〜がある」を用いて答える。主語の an eraser and a pencil は複数なので，be 動詞は are。have が不要。 (3) Does で始まっているので，動詞は原形を用いる。likes が不要。

5 (1)「〜の出身だ」は〈be 動詞＋from 〜〉で表すので，does が不要。 (2)「楽しい時を過ごす」は have a good time。一般動詞の過去の疑問文なので，〈Did＋主語＋動詞の原形 〜?〉で表す。had が不要。 (3)「〜がありませんでした」は There was[were] not 〜. で表す。主語の milk「牛乳」は数えられない名詞なので，was を用いる。were が不要。

6 (1) There is[are] 〜. は不特定の人・ものについて言う場合に用いることに注意。「タロウのイヌ」は特定のイヌなので，be 動詞を用いて Taro's dog is 〜.と表す。 (2) 主語(Rika)は 3 人称単数で，現在の文なので，Does で始める。 (3)「〜を買う」は buy[get]。一般動詞の過去の文なので，did を用いて否定文をつくる。

2日目 進行形・未来を表す表現

基礎問題 解答

問題6ページ

1 (1) reading (2) making (3) running (4) swimming (5) am (6) were
2 (1) Are, listening, am (2) Was, sitting, he wasn't (3) is not crying
(4) were not cleaning (5) What is
3 (1) am, to (2) are going to (3) Are, going to, am (4) Is, going to, isn't
(5) isn't going
4 (1) will buy [get] (2) will wash (3) Will, practice, will (4) Will, help, will not
(5) will not eat [have]

基礎力確認テスト 解答・解説

問題8ページ

1 (1) studying (2) taking (3) cutting (4) Are (5) visit (6) move
2 (1) イ (2) イ (3) エ (4) ア (5) ウ
3 (1) Are, to, am (2) Will, he will (3) When are (4) Are, I'm (5) Was, was
4 (1) My brother is playing with the dog now.
(2) We aren't [are not] going to play soccer.
(3) My father will be forty next month. (4) Is it going to be cold next week?
(5) What is she making?
5 (1) (I) was doing my homework (when my sister came home.)
(2) She will not come to school (tomorrow.)
(3) Are you going to swim in the pool (?)
6 (1) My mother was cooking then. (2) I'll [I will] be a painter in the future.
(3) Are you going to study English tonight?

1 (1) そのまま -ing をつける。 (2) e を取って -ing をつける。 (3) t を重ねて -ing をつける。 (4) 現在の文で，主語が複数。 (5) be going to のあとは動詞の原形。 (6) will のあとは動詞の原形。

2 (1) 現在の文で，主語が複数。 (2) 過去の文で，主語が3人称単数。 (3) when ～ から過去の文だとわかる。 (4) be going to で未来を表す文。 (5) 動詞の原形 be と同時に使えるのは will だけ。

3 (1) be going to で未来を表す文。be 動詞は主語に合わせる。 (2) tomorrow があるので，未来を表す will を使う。 (3) Next month.「来月」と答えているので，「いつ～?」とたずねる。 **和訳** A：あなたはいつあなたの国に戻るつもりですか。B：来月です。 (4) You can use it. が現在の文なので，現在進行形の疑問文をつくる。 (5) when ～ から過去の文だとわかるので，過去進行形の疑問文をつくる。主語の Kateが3人称単数なので，be 動詞は was にする。

4 (1) **現在進行形は〈am [are, is] ＋動詞の -ing 形〉**。plays は原形 play に戻してから -ing をつける。 (2) **be going to の否定文は，be動詞のあとに not をおく。** (3) forty はforty years old「40歳」のこと。next month「来月」を加えるので，未来の文にする。「時間が経てば自動的にそうなる」という内容は willを使って表すので，My father will be ～. とする。 **和訳** 父は来月40歳になります。 (4) will の疑問文を be going to の疑問文に書きかえる。be going to の疑問文は〈be 動詞＋主語＋going to ＋動詞の原形 ～?〉。 (5)「彼女は何をつくっていますか」という文をつくる。

5 (1) **過去進行形は〈was [were] ＋動詞の -ing 形〉**。 (2) willを使った未来の文の否定文にする。**will の否定文は〈will not＋動詞の原形〉**で表す。 (3) going があるので，be going to の疑問文だと考える。

6 (1)「～しているところでした」は**過去進行形〈was [were] ＋動詞の -ing 形〉**で表す。「料理をする」は cook。「そのとき」は then で表す。
(2)「将来～になるつもりだ」と言うときは，will を使う。「将来(に)」は in the future。
(3) 近い未来の予定は be going to で表す。

3 日目 助動詞

基礎問題 解答

➡ 問題10ページ

1 (1) can　(2) must　(3) should　(4) can

2 (1) Should, walk, should　(2) Can, speak, can't[cannot]　(3) is able to　(4) could not

3 (1) たずねてもいいですか　(2) 閉めてくれませんか　(3) 持ってきましょうか
(4) (一緒に)しましょうか　(5) 来てくれませんか

4 (1) have to　(2) has to　(3) had to　(4) Do, have, do　(5) Does, have to, doesn't have

基礎力確認テスト 解答・解説

➡ 問題12ページ

1 (1) can use　(2) should wash　(3) have to　(4) May[Can] I　(5) Can[Will] you

2 (1) has to　(2) could not climb　(3) must not

3 (1) (l)et's　(2) (h)ave

4 (1) Shall we have lunch?　(2) Can you show me the picture?
(3) We will be able to enjoy fishing in the lake.
(4) We had to walk to the station yesterday.

5 (1) (Can) you carry this bag (to the room?)　(2) Shall I take you to the bus stop(?)
(3) (I) must take care of (my sister this evening.)
(4) (You) must not be late (for school.)

6 (1) You must not eat or[and] drink here.　(2) You should read many books.
(3) We don't have to go to school today.

1 (1)「～できる」は can。助動詞のあとには動詞の原形が続く。　(2)「～すべきだ」は should。　(3)「～しなければならない」は must か have[has] to で表せる。ここでは空所の数から have[has] to を使う。　(4) 相手に**許可**を求めるときは，**May[Can] I ～?** と言う。May I ～? のほうがていねいな言い方。(5) 相手への**依頼**は **Can[Will] you ～?** で表す。

2 (1) must は have[has] to で書きかえられる。主語が3人称単数なので，has を使う。
(2) be able to は can で書きかえられる。過去の否定文なので，〈could not＋動詞の原形〉の形にする。 (3)〈Don't＋動詞の原形 ～.〉は「～してはいけません」という意味を表すので，must not を使って書きかえられる。

3 (1) **Shall we ～?**は「**(一緒に)～しましょうか**」という勧誘・提案を表す表現。同意するときには Yes, let's. と答える。　(2) Aの「牛乳も買いましょうか」に対してBが「昨日牛乳を買いました」と言ったあとなので，you don't (　　) to buy it は「あなたはそれ(＝牛乳)を買う必要はありません」という意味だとわかる。**和訳** A：私はジャガイモと卵をいくつか買うつもりです。牛乳も買いましょうか。B：いいえ，結構です。私は昨日牛乳を買ったので，あなたはそれを買う必要はありません。

4 (1) Let's ～.「～しましょう」は **Shall we ～?**「(一緒に)～しましょうか」で書きかえられる。
(2) **〈Please＋命令文〉** は「～してください」という依頼を表すので，**Can you ～?**「～してくれませんか」で書きかえられる。
(3) canと will を同時に使うことはできないので，can を be able to にして〈will be able to＋動詞の原形〉の形にする。**和訳** 私たちは湖で釣りを楽しむことができるでしょう。　(4) must には過去形がないので，had to を使って表す。

5 (1)「運んでもらえますか」という依頼は Can you ～? で表せる。Can you のあとには動詞の原形がくる。　(2)「～してあげましょうか」は「～しましょうか」という申し出と考え，Shall I ～? で表す。　(3)「～しなければならない」は〈must＋動詞の原形〉で表せる。「～の世話をする」は take care of ～ なので，for が不要。　(4)「～してはいけない」は〈must not＋動詞の原形〉で表せる。don't が不要。

6 (1)「～してはいけない」は must not を使って表す。「食べたり飲んだり」は eat or[and] drink。
(2)「～すべきだ」は should。　(3)「～する必要はない」は don't[do not] have to を使って表す。8語という指示があるので don't を使う。

4日目 名詞・冠詞・代名詞

基礎問題 解答

問題14ページ

1 (1) boys　(2) classes　(3) tomatoes　(4) countries　(5) families　(6) leaves
(7) children　(8) milk

2 (1) a　(2) an　(3) the　(4) ×　(5) the　(6) an　(7) ×　(8) ×

3 (1) us　(2) them　(3) Its　(4) his　(5) yours

4 (1) It　(2) It is　(3) It was

5 (1) Some　(2) All　(3) the other　(4) one

基礎力確認テスト 解答・解説

問題16ページ

1 (1) cherries　(2) men　(3) our　(4) mine

2 (1) dishes　(2) lives　(3) me　(4) them　(5) Her

3 (1) イ　(2) ウ　(3) イ　(4) イ

4 (1) We　(2) you　(3) them

5 (1) mine　(2) him　(3) one

6 (1) Some children are playing in the park.　(2) They are tennis players.
(3) This is a very interesting book.　(4) It'll [It will] rain [be rainy] tomorrow.

7 (1) (The one) on the left is mine (.)　(2) It is seven in the morning (.)
(3) One is his but the other is (mine.)

8 (1) Are those [the] cats yours?　(2) It's [It is] very cold today.

1 (1) **〈子音字＋y〉**で終わる名詞の複数形は，**y をｉにかえて -es をつける**。　(2) man の複数形は men。　(3)「～は[が]」と「～の」の関係。(4)「～は[が]」と「～のもの」の関係。

2 (1) dish の複数形は dishes。　(2) life の複数形は lives。**-fe で終わる語は，fe を v にかえて -es をつける**。　(3) 前置詞 to の目的語なので me にする。　(4) 前置詞 of の目的語なので them にする。　(5)「彼女の」は her。

3 (1)「**複数のうちのどれか１つ**」は**代名詞 one** で表す。　(2) **２つのうちの１つを one** で表す場合，**残りの１つは the other** で表す。
和訳 その部屋には２人の生徒がいました。１人は男の子で，もう１人は女の子でした。　(3)「**２人の両方とも**」は **both** で表す。live に -s がついていないので，**エ** One は間違い。　(4) hour [áuə*r*] は母音で始まるので，an をつける。

4 (1)「ジロウと私」＝「私たち」。　(2)「あなたとメアリー」＝「あなたたち」。　(3)「マイクと彼の姉[妹]」＝「彼ら」。with の目的語なので them にする。

5 (1)「私のものではありません」と答えればよいので，mine を入れる。　(2)「私も彼を図書館の近くで見かけました」と答えればよいので，him を入れる。　(3)「もっと小さいものはありますか」の「小さいもの」は不特定のものなので，oneを使って表す。

6 (1) **child の複数形**は **children**。主語が複数になったので，be 動詞を are にかえる。
(2) 選手が複数いるのだから，主語を They にかえる。be 動詞も are にし，a は取る。
(3) interesting の前に very を入れるので，an を a にかえる。　(4) **天候を表す場合の主語 it** を使って書きかえる。

7 (1)「あなたのグラスはどちらですか」に答えるのだから，「左側のグラスが私のグラスです」と言えばよい。one は glass をさすと考え，そのあとに「左側の」を表す on the left を続ける。「私のグラス」は mine「私のもの」で表す。**和訳**「あなたのグラスはどちらですか」「左側のが私のです」　(2) **時間を表す特別用法の it** を主語にする。　(3) ２つのうちの１つを one，もう１つを the other で表す。his は「彼のもの」という意味の所有代名詞として使う。
和訳「そのイヌは両方ともケンのですか」「いいえ。１匹は彼のですが，もう１匹は私のです」

8 (1)「あのネコたち」は those [the] catsと表す。「あなたの」＝「あなたのもの」＝yours。
(2) **天候の it** を主語にする。「寒い」は cold。

5日目 形容詞・副詞・接続詞・前置詞

基礎問題 解答

問題18ページ

1 (1) ア (2) ウ (3) ア (4) ウ (5) ア (6) ウ (7) ウ
2 (1) sometimes (2) often (3) always (4) early (5) fast (6) very (7) too (8) only
3 (1) and (2) or (3) if (4) When (5) because (6) so (7) that
4 (1) on (2) during (3) for (4) until (5) by (6) under (7) to (8) near (9) with (10) of

基礎力確認テスト 解答・解説

問題20ページ

1 (1) ア (2) イ (3) ア (4) ア (5) エ
2 (1) says that (2) usually, with (3) a few (4) something red
3 (1) (d)uring (2) (l)ike (3) (e)ither
4 (1) until (2) because (3) that (4) an easy question (5) plays, well
5 (1) (Please) call me when you get to (the station.)
(2) (I'm) always looking for something exciting(.)
(3) We must drink much water on (such a hot day.)
6 (1) He walked from here to Umeda yesterday. /
He went from here to Umeda on foot yesterday.
(2) Do you know (that) Kate can play the piano?
(3) If it's[it is] fine[sunny] tomorrow, I'll[I will] go shopping. /
I'll[I will] go shopping if it's[it is] fine[sunny] tomorrow.

1 (1)「音楽の先生として」は as a music teacher。(2)「午前中」は in the morning。(3)「自転車で」(交通手段として)と考え，by を選ぶ。(4) 前後が対立する内容なので，but を選ぶ。(5)「～に同意する」は agree with ～。**和訳** 生徒は制服を着るべきではないと彼は言いますが，私は彼に同意しません。

2 (1)**「～だと言う」**は**〈say that＋主語＋動詞 ～〉**で表す。(2)「たいてい」は usually。「～と一緒に」は with。(3) **数えられるもの**について**「いくらかの～」**というときは **a few** を使う。(4)**〈something＋形容詞〉**の語順に注意。

3 (1)「冬休みの間に」と答えていると考え，during「～の間」を入れる。**和訳** A：あなたはいつロンドンを訪れましたか。B：私はそこに冬休みの間に行きました。(2)「あなたの夢は何ですか」と聞かれているので，「イチローのような野球選手になりたいです」と答えていると考え，like「～のような」を入れる。(3)「私もそれが信じられません」と言っていると考え，either を入れる。**否定文**で**「～も」**と言うときは，too ではなく **either** を使う。**和訳** A：あなたがチームでいちばん上手な選手になったことが信じられません。B：私もそれが信じられません。

4 (1)「先月まで住んでいた」と書きかえる。「～まで」はuntil。(2) A, so B.「AだからB」は B because A. と書きかえられる。(3) think のあとに〈主語＋動詞 ～〉がきているので，接続詞 that を入れる。(4)「この問題はやさしいです」を「これはやさしい問題です」と書きかえる。easy questionの前に an がつくことに注意。(5)「ナンシーは上手なバスケットボール選手です」を「ナンシーは上手にバスケットボールをします」と書きかえる。「上手に」は副詞 well。

5 (1)「駅に着いたら」は「駅に着いたとき」と考え，when you get to (the station) と表す。「私に電話する」は call me。(2) always「いつも」は**頻度を表す副詞**なので，**be 動詞のあとにおく**。「～を探している」は be looking for ～。「何かわくわくすること」は〈something＋形容詞〉の語順で，something exciting と表す。(3) water「水」は数えられない名詞なので，「たくさんの水」は much water と表す。**「(特定の日)に」**は **on** を使って表す。

6 (1)**「AからBまで」**は **from A to B**。(2)**「～ということを知っている」**は **know のあとに〈(that)＋主語＋動詞 ～〉**を続けて表す。(3) **時や条件を表す接続詞**のあとでは，**未来のことでも現在形**を使うことに注意。

6 日目 比較表現

基礎問題 解答

➡ 問題22ページ

1 (1) smaller, smallest (2) larger, largest (3) bigger, biggest (4) earlier, earliest (5) more useful, most useful (6) more popular, most popular (7) better, best (8) more, most

2 (1) cleaner than (2) faster than (3) more, than (4) better than (5) younger, or (6) faster, or

3 (1) earliest (2) the tallest (3) most (4) of (5) in

4 (1) as, as (2) better than (3) best of (4) one of

5 (1) larger, any (2) bigger (3) busiest doctor

基礎力確認テスト 解答・解説

➡ 問題24ページ

1 (1) エ (2) イ (3) エ (4) ア

2 (1) hottest (2) prettier (3) most useful (4) more

3 (e)asier

4 (1) bigger (2) better than (3) any other

5 (1) I like apples the best of all fruits. (2) Which is larger, Canada[China] or China [Canada]? (3) I got up later than my sister.

6 (1) (He is) the best tennis player (in our school.)
(2) (I think Bach is) more wonderful than any other musician(.)
(3) Your bag is not as heavy as mine(.)

7 (1) I like science better than math.
(2) Who plays the piano better, you or Yoko?
(3) Kyoto is one of the most popular cities in Japan.
(4) Who's[Who is] the oldest of the three?

1 (1)**〈as＋原級＋as ...〉「…と同じくらい〜」**の形。 (2) our class「私たちのクラス」は〈範囲〉にあたるので，in を使う。 (3) well「上手に」の比較級は better。 (4)〈形容詞＋名詞〉を使った比較表現では**〈形容詞＋名詞〉はセットで扱う**ので，as many books as ... となる。

2 (1) the があるので最上級にする。 (2) than があるので比較級にする。 (3) useful の最上級は most useful。 (4) many の比較級は more。

3 it's の it は English をさすので，「英語は数学より簡単だと思う」と言っていると考え，easy の比較級 easier を入れる。

4 (1)「あのイヌは私のイヌより大きい」となるように，bigger を入れる。 (2)「エミは私より英語を上手に話せます」となるように，better than を入れる。 (3)**〈the＋最上級＋単数名詞〉⇔〈比較級＋than any other＋単数名詞〉**の書きかえ。

5 (1)「私はすべての果物の中でリンゴがいちばん好きです」という文をつくる。 (2)「**AとBではどちらがより〜か**」は**〈Which ...＋比較級, A or B?〉**で表す。 (3)「私は姉[妹]ほど早く起きませんでした」を「私は姉[妹]より遅く起きました」に書きかえる。

6 (1)「彼は私たちの学校でいちばん上手なテニス選手です」と考える。 (2)「**ほかのどの…より〜**」は**〈比較級＋than any other＋単数名詞〉**で表す。 (3)「…ほど〜ない」は〈not as＋原級＋as ...〉で表す。

7 (1)「**BよりもAのほうが好き**」は**〈like A better than B〉**で表す。 (2)「**AとBではどちらがより〜か**」は**〈Who[Which] ...＋比較級, A or B?〉**で表す。ここでは人について比べているので，Who を使う。Who は3人称単数として扱うので，動詞は plays とすることに注意。 (3)「**最も〜な…のひとつ**」は**〈one of the＋最上級＋複数名詞〉**で表す。 (4)「Aは3人の中で最も年上です」なら，A is the oldest of the three. と表せるので，このAを疑問詞 Who にかえればよい。

7日目 不定詞・動名詞

基礎問題 解答

➔ 問題26ページ

1 (1) ア (2) イ (3) イ (4) ウ (5) イ
2 (1) for, to (2) important for
3 (1) me to (2) asked, to (3) want, to
4 (1) what (2) how to (3) where to (4) when to (5) which to
5 (1) raining (2) Getting (3) taking (4) listening (5) sending (6) learning
6 (1) イ (2) ア (3) ア (4) イ (5) イ (6) ア

基礎力確認テスト 解答・解説

➔ 問題28ページ

1 (1) エ (2) ウ (3) エ (4) エ (5) ア
2 (1) to eat (2) reading (3) saying (4) climbing (5) to go
3 (1) It, to (2) what, buy (3) me, play (4) to eat
4 (1) My brother's job is taking care of (old people.)
(2) Jane was surprised to hear the news(.)
(3) (It is) difficult for my grandmother to use (a computer.)
5 (1) (The important) thing is to think before (you speak.)
(2) (Could you show) me how to make it(?)
(3) (Shall I tell) him to call you (back?)
6 (1) I'm[I am] happy[glad] to see[meet] you again. (2) We want you to read this book. (3) I didn't[did not] know how to read her name.

1 (1) enjoy は動名詞を目的語にとる。 (2) like は動名詞と不定詞の両方を目的語にとる。 (3) hope は不定詞を目的語にとる。 (4) a lot of work ( ) で「するべきたくさんの仕事」という意味を表していると考え，形容詞用法の不定詞を選ぶ。 (5)「コアラを見るために」(目的)と考え，副詞用法の不定詞を選ぶ。

2 (1) want は不定詞を目的語にとる。 (2) finish は動名詞を目的語にとる。 (3) 前置詞 without の後ろなので，動名詞にする。 (4) 前置詞 at の後ろなので，動名詞にする。 (5) where to go「どこへ行けばよいか」。

3 (1) **It is ... to ～.**「**～するのは…だ**」の形。 (2) 上の文は「兄[弟]の誕生日に何を買えばよいでしょうか。私はそれを決められません」という意味なので，decide の目的語を what to buy「何を買えばよいか」にする。 (3) 上の文は「メグは私に『私のためにピアノを弾いてください』と言いました」という意味なので，**〈ask＋人＋to ～〉**「**(人)に～してくれるように頼む**」を使って書きかえる。 (4) any food「何か食べ物」を「食べるための何か」と考え，形容詞用法の不定詞を使って anything to eat と表す。

4 (1)「～の世話をする」は take care of ～。「～すること」を動名詞で表し，My brother's job is のあとに taking care of をおく。 (2)「**～して驚く**」は **be surprised to ～** で表すので，was surprised to hear とする。 (3)「**―にとって～するのは…だ**」は **It is ... for ― to ～.**。

5 (1) 主語を The important thing「重要なこと」，文の動詞を is にし，to think「考えること」を補語にする。さらに before (you speak) を続ければ，「重要なことは，話す前に考えることです」という文ができる。 (2)〈show＋人＋もの〉「(人)に(もの)を教える」の〈人〉を me にし，〈もの〉を how to make it「それのつくり方」にする。 (3) **〈tell＋人＋to ～〉**「**(人)に～するように言う**」を使って，(tell) him to call you (back)「彼に，あなたに電話をかけ直すように言う」という表現をつくる。

6 (1)「**～してうれしい**」は **be happy[glad] to ～** で表す。「また」は again。 (2)「**(人)に～してほしい**」は **〈want＋人＋to ～〉** で表すので，「あなたに読んでほしい」は want you to read とする。 (3)「彼女の名前の読み方」は **how to ～**「**～の仕方，どうやって～すればよいか**」を使って how to read her name と表す。

8日目 命令文・いろいろな文①

基礎問題 解答

問題30ページ

1 (1) Study (2) Look (3) Be (4) Don't (5) Don't use (6) Don't (7) Let's (8) Let's go

2 (1) 医者になりました (2) とても幸せそうに見えます (3) 暑く感じます
(4) おもしろそうに思えます (5) 疲れているように見えました (6) 悲しく感じました

3 (1) ア (2) イ (3) ア (4) ア (5) イ (6) イ (7) ア

4 (1) him Hiro (2) cat Momo (3) her sad (4) call me (5) named, Spring
(6) make, warm

基礎力確認テスト 解答・解説

問題32ページ

1 (1) ウ (2) イ (3) ウ (4) イ (5) ア

2 (1) baby Toshio (2) me some books (3) for (4) finish

3 (1) to (2) Let's go (3) Don't eat (4) makes, happy

4 (1) (My parents) gave me a Christmas (present.)
(2) Can you show me your notebook(?)
(3) What do you usually call your brother(?)

5 (1) Don't be afraid of talking (with others in English.)
(2) (I'll show) you some pictures when (I come back.)
(3) (We) call these small plants "*bonsai*"(.)

6 (1) Don't[Do not] take pictures[a picture] here. (2) My mother looked very sad.
(3) This dress will make you more beautiful.

1 (1) 〈look＋形容詞〉「～に見える」 (2) 〈become＋形容詞〉「～になる」 (3) call A B で「AをBと呼ぶ」。 (4) 〈teach＋人＋もの〉で「(人)に(もの)を教える」。 (5) 命令文は，動詞がbe動詞のときはBeで始める。

2 (1)「AをBと名づける」はname A B。
(2)「(人)に(もの)を与える」は〈give＋人＋もの〉。 (3) 〈make＋人＋もの〉＝〈make＋もの＋for＋人〉。 (4) 命令文は動詞の原形で始める。

3 (1) 〈give＋人＋もの〉=〈give＋もの＋to＋人〉
(2) Shall we ～?「(一緒に)～しましょうか」＝〈Let's＋動詞の原形 ～.〉 (3) must not ～「～してはいけない」＝〈Don't＋動詞の原形 ～.〉 (4)「その歌は私を幸せにする」という文にする。「AをBにする」はmake A B。

4 (1)「両親は私にクリスマスプレゼントをくれた」と考える。文末にpresentがあるので，〈give＋人＋もの〉の形にする。toが不要。
(2)「(人)に(もの)を見せる」は〈show＋人＋もの〉で表せるので，show me your notebook「私にあなたのノートを見せる」とする。 (3) You call A B.「あなたはAをBと呼ぶ」のBをたずねる疑問文は，What do you call A?となる。usually「ふだん，たいてい」は一般動詞の前におく。

5 (1) be afraid of ～「～を怖がる」の前にdon'tをおけば，Don't be afraid of ～.「～を怖がってはいけません」という命令文ができる。動名詞talkingはofの直後におく。**和訳** A：スミス先生，私は英語をもっと上手に話したいです。何をすればいいですか。B：英語を使うようにしなさい。英語で他の人と話すことを怖がってはいけません。
(2) 〈show＋人＋もの〉「(人)に(もの)を見せる」を使う。whenはI come backの前において接続詞として使う。**和訳** A：旅行を楽しんでね。B：ありがとう。帰ってきたらあなたに何枚か写真を見せましょう。 (3) call A B「AをBと呼ぶ」のAをthese small plants，Bを"*bonsai*"にする。**和訳** A：これらは何ですか。それらは木のように見えますが，とても小さいです。B：私たちはこれらの小さな植物を「盆栽」と呼びます。

6 (1)「～してはいけません」は〈Don't＋動詞の原形 ～.〉で表す。 (2)「～に見える」は〈look＋形容詞〉で表す。 (3)「AをBにする」はmake A Bで表す。「もっと美しく」は比較級more beautifulで表す。「～するでしょう」はwillで表す。

9日目 疑問詞・間接疑問文・感嘆文

基礎問題 解答

➲ 問題34ページ

1 (1) Whose (2) Who (3) How (4) Where (5) When (6) What (7) Why (8) What (9) Which

2 (1) How tall (2) How many (3) How much (4) How old (5) How often

3 (1) who that girl is (2) what it is (3) where I met (4) when Tom went (5) who wrote the letter (6) when the game will

4 (1) What (2) How (3) How (4) What (5) What (6) How

基礎力確認テスト 解答・解説

➲ 問題36ページ

1 (1) ウ (2) エ (3) ウ (4) イ

2 (1) How many, were (2) who is using (3) What makes

3 (1) エ (2) ア

4 (1) Why did Takuya go to Canada? (2) Can you tell me where you are from? (3) Do you know how tall the tree is? (4) How well you speak Japanese! (5) I want to know what time you got up today.

5 (1) (Do) you know where it is(?) (2) When did you go to (the concert?) (3) Do you know whose dog it is(?)

6 (1) How often do you go to see[watch] (the) movies[a movie]? (2) Who built this house? (3) Do you know why she's[she is] crying?

1 (1) How old ～? は「(つくられてから)何年か」をたずねるときにも使う。 (2) my sister's という応答から，Whose「だれの～」を選ぶ。 (3) **間接疑問文**に組み込まれた疑問文は**〈疑問詞＋主語＋動詞 ～〉**の語順になる。 (4) 空所のあとに**〈a＋形容詞＋名詞＋主語＋動詞〉**と続いているので，what で始まる感嘆文。

2 (1)「生徒は何人」は How many students で表す。 (2)「だれが～を使っているか」が組み込まれた疑問文なので，who is using とする。 (3) make A B「AをBにする」の主語を what にする。**what は３人称単数として扱う**ので，動詞は makesとなることに注意。

3 (1) return home around four o'clock「４時ごろ家に戻る」と答えているので，何時に帰ってくるかをたずねる疑問文が入る。 (2) ３つの帽子の中から１つをあげる，と言われて，青いのをもらう，と答えているので，Which「どの～」を使った疑問文が入る。

4 (1) 目的をたずねる疑問文は Why を使ってつくる。 (2) that の部分に Where ～? という疑問文を組み込む。where you are fromと書きかえることに注意。 (3) it に How tall ～? を組み込むと，how tall the tree isとなる。 (4) howを使った感嘆文は，**〈How＋形容詞[副詞]＋主語＋動詞！〉**の形。 (5) it に What time ～? を組み込むと，what time you got up today となる。

5 (1) カメラを探している状況なので，「それ(＝カメラ)がどこにあるか知っていますか」という文をつくる。Do you know ～?「～を知っていますか」の〈～〉に「それがどこにあるか」という疑問文を組み込むと，where it is という語順になることに注意。**和訳** A：何をしているのですか，トム。B：カメラを探しています。それがどこにあるか知っていますか。 (2) Last Sunday.「この前の日曜日」と答えているので，「あなたはいつコンサートに行きましたか」という文をつくる。 (3) Yes, I do. と答えているので，Do you で始まる疑問文をつくり，そのあとに「だれの～」という疑問文を組み込む。組み込まれた疑問文「それがだれのイヌか」は whose dog it isと表す。

6 (1)**「どのくらいしばしば～」は How often ～?** で表す。 (2) Who「だれが」が主語の疑問文は，直後に動詞を続けるので，Who built this house? となる。 (3)「～を知っていますか」の〈～〉に「なぜ彼女が泣いているか」という疑問文を組み込む。why she is cryingの語順に注意。

10日目 受け身・いろいろな文②

基礎問題 解答

問題38ページ

1 A(1) is visited　(2) was, by　(3) covered with　(4) known to　(5) will be made[cooked]
B(1) Is, loved, she is　(2) Was, made, it was not　(3) is not spoken　(4) were given

2 (1) きっとあなたの考えは正しい　(2) 彼が祭りに参加できて
(3) 残念ながら私は家に帰らなければなりません

3 (1) told me that　(2) show them that I　(3) teaches us that math

4 (1) carry　(2) let, use　(3) made, wash[do]

基礎力確認テスト 解答・解説

問題40ページ

1 (1) イ　(2) ア　(3) ア　(4) ア

2 (1) let, use　(2) Was, written by　(3) Why is, by　(4) covered with

3 (1) is used　(2) were broken by　(3) was made, by　(4) named Leo

4 (1) He helped me do my homework.
(2) My brother wasn't[was not] taken to the hospital.
(3) The island will be visited by more people.　(4) When was the hamburger made?

5 (1) (It) was given to me by (my sister a week ago.)
(2) My mother makes me eat vegetables(.)
(3) How many eggs are needed for (this cake?)
(4) I'm afraid that he isn't at (home now.)

6 (1) My brother often tells me (that) studying is important.
(2) This room wasn't[was not] cleaned yesterday.
(3) What's[What is] this flower called in English?

1 (1)「夕食はつくられた」→ **〈be動詞＋過去分詞〉「～される」**で表す。　(2) **〈make＋人＋動詞の原形〉「(人)に～させる」**　(3) **be known to ～「～に知られている」**　(4) 空所の直後に目的語となる名詞がないので，受け身〈be 動詞＋過去分詞〉の文だと考える。**和訳** この機械は将来，多くの人々によって使われるでしょう。

2 (1) **「(人)に～させておく」は〈let＋人＋動詞の原形〉。**　(2) **受け身の疑問文は〈be動詞＋主語＋過去分詞 ～?〉。「～によって」はby** ～で表す。　(3) 受け身の疑問文の前に疑問詞whyをおく。　(4) **「～でおおわれている」**は**be covered with ～**。

3 (1) 現在の文で，主語が3人称単数なので，is used とする。people は一般的な人をさすので，by ～が省略されている。　(2) 過去の文で，主語が複数なので，were broken とする。「～によって」を表すbyを使う。　(3) 過去の文で，主語が単数なので，was made とする。最後の空所には by を入れる。　(4) **〈主語＋動詞＋目的語＋補語〉の受け身は，〈be動詞＋過去分詞〉のあとに補語をおく。**

4 (1) **「(人) が～するのを手伝う」は〈help＋人＋動詞の原形〉**で表す。「私の宿題をする」ということなので，do my homework とする。
(2) **受け身の否定文は〈be動詞＋not＋過去分詞〉。**　(3) will があるので，**助動詞のある受け身〈助動詞＋be＋過去分詞〉**の形にする。
(4)「いつ～されましたか」という疑問文をつくる。When のあとに受け身の疑問文〈be動詞＋主語＋過去分詞 ～?〉を続ける。

5 (1) was, given, by があるので，受け身の文だと考える。**〈give＋もの＋to＋人〉の受け身は〈be動詞＋given to＋人〉**となる。　(2) **〈make＋人＋動詞の原形〉「(人) に～させる」**の文。　(3) 使った卵の個数を答えているので，「このケーキには卵が何個必要とされていますか」という疑問文をつくる。　(4) be afraid that ～で「残念ながら～と思う」。

6 (1)「(人) に～と言う」は〈tell＋人＋(that) ～〉。
(2)「～されませんでした」は過去の受け身の否定文で表せる。(3)「この花はAと呼ばれます」は This flower is called A. という受け身の文で表せる。この文のAを疑問詞whatにして文頭におき，そのあとを疑問文の語順〈be動詞＋主語＋過去分詞 ～?〉にする。

11 日目 関係代名詞・分詞の形容詞用法

基礎問題 解答

➲ 問題42ページ

1 (1) who lives (2) which have (3) which is[was] (4) who helped (5) which goes

2 (1) which[that] I (2) which[that], makes[bakes] (3) that, like (4) you met[saw]

3 (1) talking[speaking] (2) shining (3) wearing (4) playing soccer

4 A (1) made (2) painted (3) spoken (4) sold

B (1) playing (2) played (3) visited (4) working (5) written

基礎力確認テスト 解答・解説

➲ 問題44ページ

1 (1) ウ (2) イ (3) ア

2 (1) speaks (2) taken (3) carrying (4) sung

3 (1) sleeping (2) which[that] were (3) Nancy made (4) like (5) known

4 (1) The woman who teaches me English is going to return to America.

(2) The map which I bought last month is very useful.

(3) I have a friend that I call Toshi.

5 (1) (I'll show you) the pictures I took (there.)

(2) This book written by him (is the most interesting to me.)

(3) (I want to) help people who are in (trouble.)

(4) (Who) is the tall girl listening (to music over there?)

6 (1) I know the student(s) who[that] broke the[that] window.

(2) Tom has a watch made in Japan.

1 (1) thatから(　)の終わりまでがThe hamburgerを説明する語句。**目的格の関係代名詞はそれ自身が目的語の働きをする**ので，eatingのあとにitは不要。**ウ**が正解。 (2)「父によって書かれた手紙」→written。 (3)「バスケットボールをしているあの男の子」→playing。

2 (1) 先行詞anyoneに合わせてspeaksにする。 (2)「～によって撮られた写真」と考え，過去分詞にする。 (3)「大きなカメラを持っている女の子」と考え，現在分詞にする。 (4)「～で歌われた有名な歌」と考え，過去分詞にする。

3 (1) **〈関係代名詞＋進行形〉は現在分詞の形容詞用法**で書きかえられる。 (2)「マイクによって撮られた」がthe picturesを説明するように，関係代名詞which[that]を使って書きかえる。 (3)「ナンシーがつくったドレス」はThe dress which[that] Nancy made。この関係代名詞が省略された形。 (4)「多くの子どもたちに好かれている本」を「多くの子どもたちが好きな本」と書きかえる。目的格の関係代名詞が省略されている。 (5)「有名な作家」を「多くの人に知られている作家」と書きかえる。

4 (1) ２つ目の文のSheをwhoにかえ，The womanの直後におく。 (2) ２つ目の文のitをwhichにかえ，which I bought last monthという語順にし，The mapの直後におく。 (3) ２つ目の文のhimをthatにかえ，that I call Toshiとしてa friendの直後におく。

5 (1) show you the pictures「あなたに写真を見せる」のあとに(which[that]) I took thereが続いていると考える。 (2)「彼によって書かれたこの本」となるように，this bookのあとに過去分詞句written by himをおく。 (3) want to help people「人々を助けたい」のpeopleを関係代名詞whoを使って説明している。 (4) 後ろにto musicがあるので，その直前にはlisteningかlistenedがくる。「向こうで音楽を聞いている背の高い女の子はだれですか」という意味になると考え，the tall girl listening (to music)と並べる。listenedが不要。

6 (1)「私はその生徒を知っています」をI know the student(s)と表し，関係代名詞を使って「その窓を割った」という説明を加える。 (2)「トムは腕時計を持っています」をTom has a watchと表し，「日本製の」＝「日本でつくられた」を表す過去分詞句made in Japanをあとにおく。

12日目 現在完了・仮定法

基礎問題 解答

➔ 問題46ページ

1 (1) have, finished (2) have visited (3) have lived (4) has been, since (5) has never (6) hasn't, yet (7) Have, been, I have (8) Have, yet (9) How, times, listened (10) How long has

2 (1) been playing (2) has been teaching (3) has been raining (4) have, been waiting

3 (1) knew, would (2) were, could (3) If, asked, would

4 (1) could (2) had (3) were

基礎力確認テスト 解答・解説

➔ 問題48ページ

1 (1) ウ (2) エ (3) イ

2 (1) 2010年からそのネコを飼っています (2) 一度も外国に行ったことがありません (3) 今までに英語で手紙を書いたことがありますか (4) もう始まってしまいました (5) まだ実現していません

3 (1) has, for (2) had, would[could] (3) has, rained

4 (1) The singer has been popular since 2012.
(2) The bus hasn't[has not] arrived at the station yet.
(3) John has been studying Japanese for six years.
(4) How long has Mr. Suzuki been an English teacher?

5 (1) Have you ever been there (?) (2) (How) long have you been playing the (flute?)
(3) How many times have you (been there?)

6 (1) I've[I have] visited[been to] Tokyo three times.
(2) Kate and I have known each other since we were children.
(3) If you were rich, what would you buy? / What would you buy if you were rich?

1 (1) seeの過去分詞はseen。 (2) **〈I wish＋仮定法〉**の文。仮定法の中の動詞は過去形にする。 (3)「期間」を表すforを使う。sinceは「～以来」。

2 (1) hadはここでは「～を飼う」の意味。sinceがあるので，**「(ずっと)～している」〈継続〉**の意味で訳す。 (2) **never「一度も～ない」**は**〈経験〉**の用法で使われる。 (3) ever「今までに」は〈経験〉の用法で使われる。 (4) **already「もう，すでに」**は**〈完了〉**の用法で使われる。 (5) not ～ yet「まだ～ない」は〈完了〉の用法で使われる。

3 (1)「3年前に住み始めていまも住んでいる」→「3年間ずっと住んでいる」という現在完了の〈継続〉で表す。 (2)「行きたいが，時間がない」→「時間があれば行くのに」という仮定法の文で表す。 (3)「15日間雨がない」→「15日間ずっと雨が降っていない」という現在完了の〈継続〉で表す。

4 (1) is → has been とする。「～以来」はsince。 (2) **現在完了の否定文**は**〈have[has] not＋過去分詞〉**。 (3) is studying → has been studying とする。「～間」はfor。 (4) **「どのくらいの間～」**は**How long ～?**。

5 (1) 現在完了の疑問文は〈Have[Has]＋主語＋過去分詞 ～?〉。 (2)「約8年間」と答えているので，How longで始め，現在完了進行形の疑問文〈have[has]＋主語＋been＋動詞の-ing形 ～?〉を続ける。 (3) 回数をたずねていると考え，How many timesで始め，現在完了の疑問文を続ける。 **和訳** A：私は今月北海道を訪れようと思っています。B：またですか？ 何回そこへ行ったことがありますか。

6 (1) **「～したことがある」**は**現在完了の〈経験〉**で表す。「3回」はthree times。 (2)「(ずっと)知っている」と考え，現在完了の〈継続〉で表す。「子どものころから」は「私たちが子どもだったときから」と考え，since we were childrenと表す。 (3) whatを使った仮定法の疑問文にする。if節ではbe動詞はwereを使う。

13日目 長文読解・英作文

基礎問題 解答

➲ 問題50ページ

1 (1) より多くの登山者が富士山を訪れていること。　(2) エ　(3) ウ

2 A(1) Shall　(2) take, to

(3) Shall I take you to an old shrine in this city next Sunday?

B(1) (例) I want to be a doctor.

(2) (例) 世界には病気の子どもたちがたくさんいます。私は彼らを助けたいと思っています。

(3) (例) There are a lot of sick children in the world. I want to help them.

(4) (例) I want to be a doctor. There are a lot of sick children in the world. I want to help them.

基礎力確認テスト 解答・解説

➲ 問題52ページ

1 (1) エ　(2) ア

2 (例) My father bought me a camera for my birthday, so will you go taking pictures with me during the winter break?

3 (1) (例) If it is fine[sunny] on Sunday, I want to go to Kamakura.

(2) (例) I have never been there.

(3) (例) There are some old temples my grandmother wants to visit. I'm interested in them too, so I'd like to take her there and walk around. She will be happy.

4 (例) I don't think so. First, if you watch TV, you will have no time to do anything important. Second, watching TV too much will make your eyes bad. So I don't think watching TV is good.

1 (1) **ア**「パーティーの前，ケンタは完ぺきな英語を話せると思っていた」は第２段落２文目に合わない。　**イ**「パーティーの前，ケンタはあるアニメについて先生にたずねた」，**ウ**「パーティーで，ケンタは友人たちとアニメを見た」は書かれていない。　**エ**「パーティーで，ケンタは自分の好きなアニメの登場人物について話した」が第４段落４～５文目に一致。

(2) 文章全体の内容に合うのは**ア**「ケンタが事業で学んだこと」。

和訳 この前の夏，ケンタはアメリカでの国際交流事業に参加しました。多くの国の生徒も参加していました。彼らはお互いに英語で話しましたが，彼はそれを話すことを楽しめませんでした。彼は間違えることを心配していたのです。／事業の間，生徒たちはパーティーを開いて自分たちの文化について話す予定でした。ケンタは，「ぼくは英語が上手に話せない。どうすればいいだろう」と思いました。／彼は事業の先生のところへ行きました。先生は，「きみは間違えるのが怖いんだよね？　完ぺきな英語を話す必要はないんだ。ただやってみればいいんだ」と言いました。／パーティーで，生徒たちは１人ずつ自分の文化について話し始めました。そしてケンタの番がやってきました。彼は間違えることを怖がっていました。だから最初に，彼は大好きなアニメの登場人物の絵を描き始めました。それから彼はそれについてゆっくり話しました。彼はいくつかの間違いをしました。しかし多くの生徒たちは彼のスピーチに興味を持ち，彼にたくさんの質問をしました。彼は彼らとたくさん話し，楽しい時を過ごしました。／いま，ケンタは間違えることを怖れず，英語を話すことをとても楽しんでいます。

2 書く内容を２つに分ける。前半は〈buy＋人＋もの〉か〈buy＋もの＋for＋人〉「(人)に(もの)を買う」を使う。後半はWill you ～?，Shall we ～?，Why don't you ～?，How about ～? などの人を誘う表現を使う。「冬休み中に」は during「～の間(中)」を使って表せる。

3 (1) if のあとの現在形に注意。　(2) 現在完了〈経験〉で表す。　(3) be interested in ～「～に興味がある」や，〈take＋人＋to ～〉「(人)を～に連れていく」などを使って書くとよい。

4 **１文目で賛成か反対かを書き，２文目以降でその理由を書く。**最後は So I think[don't think] ～.「だから私は～と思います［ではないと思います］」と自分の立場を繰り返して結論とする。

14 日目 会話表現

基礎問題 解答

➡ 問題54ページ

1 (1) help (2) looking (3) about (4) try (5) smaller (6) take

2 (1) 駅へはどうやって行けばいいですか (2) 公園へ行く道を私に教えて
(3) デパートのところで右に曲がってください (4) 左側にあります［見えます］

3 (1) イ (2) ア，ウ (3) エ

4 (1) Would, like (2) Why (3) about giving (4) Sounds (5) wrong with (6) too bad

基礎力確認テスト 解答・解説

➡ 問題56ページ

1 (1) ウ (2) ウ (3) ア (4) エ (5) ア (6) ウ

2 (1) all (2) looking (3) on (4) Sounds

3 (1) (What) would you like to drink(?)
(2) How long will it take (to walk to the city office?) (3) Can I try them (on?)

4 (1) That's too bad. (2) You have the wrong number.
(3) Can I leave a message?

1 (1)「もう十分食べました」と言っているので，**ウ**の **No, thank you.**「**いいえ，結構です**」が正解。**和訳** A：ケーキをもう１切れいかがですか。B：いいえ，結構です。私はもう十分食べました。
(2) お礼を言われたときの返答は，**ウ** You're welcome.「どういたしまして」。**和訳** A：今日は私のイヌと遊んでくれてありがとう。彼はとても楽しそうに見えました。B：どういたしまして。私も楽しかったです。 (3) I'd like to talk to ～.「～と話したい」という発言から，AがBに電話をかけた場面だとわかる。対話が成り立つのは，**ア**「私です。お元気ですか」だけ。**和訳** A：もしもし。私はスズキです。ブラウンさんとお話ししたいのですが。B：私です。お元気ですか。 (4) Bの「それはいい考えですね」という応答から，Aは何かを提案したと考えられるので，**エ**の **Why don't you ～?**「**～してはどうですか**」が適切。**和訳** A：雨が止みました。車を洗ってはどうですか。B：それはいい考えですね。手伝ってくれますか。 (5) プレゼントを渡して，「開けていいですか」と聞かれたときの応答として成り立つのは，**ア**の **I hope you'll like it.**「**気に入ってもらえるといいんですが**」。**和訳** A：お誕生日おめでとう！ これはあなたへのプレゼントです。B：ありがとう。それを開けてもいいですか。A：もちろん。気に入ってもらえるといいんですが。 (6) for here はファストフード店などで「**ここで食べる**」ということを表す表現。「**持ち帰り**」を表すのは**ウ**の **to go**。
和訳 A：こんにちは。ハンバーガーを２つお願いします。B：こちらでお召し上がりですか，それともお持ち帰りですか。A：ここで食べます。

2 (1) **謝罪に対する応答**は **That's all right.**「**いいんですよ**」。 (2) 買い物で店員に「**～を探しています**」と言うときは **I'm looking for ～.**。 (3) 道案内の場面で「**それは右[左]側にあります**」と言うときは，**It's on your right [left].**。 (4) **提案に対して**「**いいですね**」と言うときは **Sounds good.**。

3 (1) **Would you like to drink ～?**「**～を飲みたいですか**」の〈～〉をたずねる疑問文。**和訳** A：何をお飲みになりたいですか。B：紅茶をお願いします。
(2) It's too far.「とても遠いです」という応答と，( )内に how と long があることから，「どのくらい(時間が)かかりますか」とたずねていると考え，**How long will it take (to walk to ～)?**「**～まで歩いてどのくらいかかりますか**」とする。**和訳** A：市役所まで歩いてどのくらいかかりますか。B：とても遠いですよ。タクシーに乗ったほうがいいです。 (3) 靴を買おうとしている場面だと考え，**Can I try ～ on?**「**～を試着してもいいですか**」を使った文にする。**和訳** A：この靴はよさそうですね。それをはいてみてもいいですか。B：もちろんです。

4 (1)「**それはお気の毒に**」は **That's too bad.** と言う。 (2)「**番号をおまちがえです**」は **You have the wrong number.** と言う。
(3)「**伝言をお願いできますか**」は **Can I leave a message?** と言う。

第1回　3年間の総復習テスト

➲58ページ

解答

1 (1) イ　(2) ウ　(3) イ　(4) エ　(5) ウ　(6) エ　(7) イ

2 (1) (b)uilt　(2) (u)ntil　(3) (W)hose　(4) (t)hat

3 (1) エ　(2) ア　(3) イ　(4) エ　(5) イ　(6) ア

4 (1) studying　(2) best　(3) caught　(4) sung

5 (1) (She) has been listening to music for (three hours.)
(2) (Do you know) anyone who plays the guitar (well?)
(3) (We) don't have to go to (school on Sunday.)
(4) (This is) the castle built by the king (in 1835.)

6 (1) ウ　(2) イ　(3) ウ

7 (1) (I like the color, but it's) too small for (me.)
(2) (I) don't know what to do (first.)
(3) (Yes,) people call the man Billy(.)
(4) (Are you sure) this is the book you (left on the train?)
(5) (So I don't know) where I should visit(.)　(6) Have you ever been to (Tokyo?)
(7) (Soccer) is the most exciting sport (to me.)

8 (1) (例) How long have you studied[been studying] Japanese?
(2) (例) What is your favorite Japanese food? / What Japanese food do you like?
(3) (例) What are you going to talk about? / What will you talk about?

解説

1 (1) 主語が複数で現在進行形の文なので，are を選ぶ。**和訳** トムと私はいま，昼食を食べているところです。　(2) コンマのあとの助動詞がcould と過去形なので，仮定法の文とわかる。if節の動詞は過去形にする。**和訳** もしあなたがもっと熱心に勉強すれば，テストでよい点が取れるのに。　(3) 意味が通るのは if「もし～なら」だけ。**和訳** もし明日天気がよければ，野球をしましょう。　(4) 文の主語なので，名詞として働く動名詞**エ** Helping が正解。**和訳** 父は医者です。病気の人々を助けることが彼の仕事です。　(5) The boy と sleep の間には「男の子は眠っている」という関係が成り立つので，現在分詞の**ウ** sleeping が正解。**和訳** 窓のそばで眠っている男の子はマサキです。　(6) 疑問詞のあとには文か不定詞が続くので，適切な形は**エ** to get だけ。**how to ～「～の仕方，どうやって～すればよいか」**。**和訳** 駅への行き方を私に教えてくれませんか。　(7) When ～ home「ケンが帰宅したら」は，まだ起こっていない出来事だが，**時や条件を表す接続詞のあとでは未来のことでも現在形で表す**ので，**イ** Ken comes が正解。**和訳** ケンが帰宅したら，彼に私の伝言を伝えてください。

2 (1)「建てられた」という意味になるよう，build「～を建てる」の過去分詞 built を入れる。**和訳** A：この橋はとても古く見えます。B：はい。それは約100年前に建てられました。A：わあ，それは本当に古いですね！　(2)「明日まで待たなくてはなりません」という意味になるよう，until を入れる。**和訳** A：明日はクミの誕生日ですね。B：はい。私は明日彼女に誕生日プレゼントをあげるつもりです。A：何を彼女にあげるつもりですか。B：ええと，あなたは明日まで待たなくてはなりません。　(3) it's mine という応答から，Whose が適切。**和訳** A：行きましょう。B：待って。ここにかばんがあります。これはだれのかばんですか。A：ああ，それは私のです。私に教えてくれてありがとう。　(4) be glad that ～で「～してうれしい」。**和訳** A：サツキは今日学校に来ました。彼女は1週間病気だったのです。B：ほんとうですか。彼女がよくなってうれしいです。

3 (1) whose notebook「だれのノートか」を答えるのだから，**エ** hers「彼女のもの」が正解。**和訳**〔教室で〕A：これがだれのノートかわかりますか。B：前にケイコの机の上でそれを見ました。だからたぶんそれは彼女のです。　(2)〈副詞＋主語＋動詞〉が続いているので，Howで始まる感嘆文。**和訳** A：彼女はなんて美しく歌うのでしょう！B：ええ。彼女は合唱部のどの部員よりも上手に歌えると思います。　(3) **〈keep＋動詞の -ing 形〉**で「**～し続ける**」という意味を表す。**和訳**〔放課後に〕A：私はあなたのように上手にバスケットボールがしたいです。上手なバスケットボール選手になるために大切なことは何ですか。B：練習し続けることが大切だと思います。 (4) Who carried ～? に対する応答は，～ did. となるので，**エ** Ryota did. が正解。
和訳 A：この地図を教室に運んだのはだれですか。B：リョウタです。A：ありがとう，リョウタ。では授業を始めましょう。 (5)〈make＋目的語＋補語〉の形なので，目的格の**イ** us が正解。
和訳 A：この絵はとても美しいと思います。B：はい，それは私たちを幸せにしてくれます。 (6) 道案内の場面なので，look for ～「～を探す」が使われていると考える。**和訳** A：すみません，市役所を探しているんですが。B：次の角を右に曲がってください。それは左側にあります。

4 (1) 文意から study が入ると考える。現在進行形になるよう，studying にする。**和訳** A：ユカリ，何をしているのですか。B：私は英語のテストのために勉強しているところです。 (2) 最上級の形容詞が入ると考える。文意に合うのは good「上手な」で，good の最上級は best。**和訳** タケシは私たちのチームで最も上手な野球選手です。 (3) 文意から catch「～を捕まえる」が適する。過去形 caught にして入れる。**和訳** ケンイチは釣りに行って魚を５匹釣りました。 (4) 受け身の文だと考え，sing「～を歌う」の過去分詞 sung を入れる。**和訳** この歌は世界中のたくさんの子どもたちに歌われています。

5 (1) has, been, listeningがあるので，現在完了進行形の文。**〈have[has] been＋動詞の-ing形〉**の語順。「３時間」は for three hours で表す。since が不要。 (2)「だれかギターが上手な人」は，関係代名詞 who を使ってanyone who plays the guitar (well) と表せる。which が不要。 (3)「**～しなくてもよい**」はdon't have to で表す。must が不要。 (4) the castle the king built と表すと by と build の２語が余るので，built を過去分詞として使ってthe castle built by the king「その王によって建てられた城」とする。build が不要。

6 (1) 一般動詞の過去の疑問文に対する応答で，Bはテレビを見たとわかるので，**ウ** Yes, I did. が正解。**和訳** A：昨日テレビを見ましたか。B：はい，見ました。私はテレビでサッカーの試合を見ました。
(2) **ア**，**ウ**，**エ**には No, I didn't. とは答えられないので，**イ** How about you?「あなたはどうですか」が正解。**和訳** A：あなたは昨日バスケットボールの試合を見に行きましたか。B：はい。あなたはどうですか。A：いいえ，見に行きませんでした。でもそれはとてもわくわくしたと聞きました。
(3) Yes, please.「はい，お願いします」という返事に合うのは，**ウ**「少しいかがですか」。
和訳〔家で〕A：見て，ジュディ。私はこのチョコレートケーキをつくりました。少しいかがですか。B：はい，お願いします。それはおいしそうですね。

7 (1) too small で「小さすぎる」。**和訳** A：この青いジャケットはいかがですか。B：この色は好きですが，私には小さすぎます。 (2) Bが「～しなさい」と言っていることから，Aは「私は～がわかりません」と言っていると考え，I don't know と並べる。残った語を **what to do「何をすればよいか」**とすれば，文意が通る。**和訳** A：私は最初に何をすればよいかわかりません。B：わかりました。図書館へ行って美術に関する本を何冊か見つけなさい。 (3) **〈call＋目的語＋補語〉「～を…と呼ぶ」**の形にする。**和訳** A：この歌手を知っていますか。私は彼の名前を知りたいです。B：はい，人々はその男性をビリーと呼んでいます。彼はいま，とても人気があります。 (4) Are you sure ～?「確かに～ですか」のあとには文がくるので，this is the book と並べ，そのあとに you (left on the train) と続ければ，you の前に目的格の関係代名詞 which[that] が省略された，「これはあなたが電車に置き忘れた本です」という文ができる。
和訳 A：確かにこれはあなたが電車に置き忘れた本ですか。B：もちろんです。それは私のです。 (5) **間接疑問文は〈疑問詞＋主語＋動詞 ～〉の語順**。
和訳 A：高知に来るのは今回が初めてですか。B：はい。だから私はどこを訪れるべきかわかりません。
(6)〈経験〉の現在完了 have[has] been to ～「～に行ったことがある」を使った文にする。**現在完了の疑問文**は**〈Have[Has]＋主語＋過去分詞 ～?〉**の語順。**和訳** A：あなたは今までに東京に行ったことはありますか。B：いいえ，東京を訪れるのは今回が初めてです。 (7) most があるので，最上級を使った文にする。the most exciting のあとに sport をおいて，「最もわくわくするスポーツ」という意味にする。**和訳** A：サッカーは好きですか。B：はい。サッカーは私にとって最もわくわくするスポーツです。

8 (1) **期間をたずねる**には **How long ～?** を使う。「どのくらいの期間勉強してきたか」と考え，〈継続〉を表す現在完了を使って How long have you studied Japanese? とするか，現在完了進行形を使ってHow long have you been studying Japanese? とする。 (2) favorite「大好きな，お気に入りの」を使って，「あなたの大好きな日本の食べ物は何ですか」という文をつくる。「あなたはどんな日本食が好きですか」と考え，「どんな日本食」をWhat Japanese food と表して文頭におき，do you like を続けてもよい。 (3) 予定している**未来のこと**は **be going to** で表す。「～について話す」は talk about ～で表せるので，What are you going to talk about? という疑問文をつくればよい。未来を表す助動詞 will を使ってもよい。

第2回　3年間の総復習テスト

➲62ページ

解答

1 (1) cities　(2) taught　(3) fourth

2 (1) are　(2) held　(3) them

3 (1) (Please visit) us if you (come to our town.)
(2) I wish my father were at home (now.)
(3) (Ken) has not finished his homework (yet.)
(4) (My mother) always keeps the room clean (.)

4 (1) (Yoko,) don't use Japanese (during this game.)
(2) (My grandmother) gave it to me (for my birthday.)
(3) (It is famous) for selling bikes made in (France.)
(4) (Oh, the picture) taken in Hiraizumi looks better than (the picture of Mt. Iwate.)
(5) (Is there) anything you want me to do (, Mom?)
(6) (Please show us) what to do by using (a computer.)
(7) (Well, I) think that box is as (large as this one.)

5 (1) (例) I am glad[happy] (that) you remember(ed) my birthday.
(2) (例) Did you help him clean the classroom?

6 (1) paper made from trees　(2) ①軽い　②持ち運びやすい　(3) エ　(4) ア

解説

1 (1) many のあとなので，複数形にする。city の複数形は cities。和訳 A：夏休みにどこへ行きましたか。B：私はオーストラリアの多くの都市を訪れました。　(2) last year「去年」とあるので，過去形にする。teach の過去形は taught。和訳 A：去年だれがあなたに英語を教えてくれましたか。B：ホワイト先生です。　(3) April「４月」は「１年の中で４番目の月」なので，fourth にする。和訳 A：１年の中で４番目の月は何ですか。B：４月です。

2 (1) 主語が some festivals で，そのあとの文が現在のことを述べているので，are にする。(2)「５月に行われる祭りです」という意味になるよう，過去分詞 held にする。　(3) 前置詞 of のあとなので，目的格 them にする。和訳 日本には子どものためのお祭りがいくつかあります。私たちにはこどもの日があります。それは５月に行われる祭りです。私たちは11月に七五三もあります。それらは両方とも，子どもたちの幸運を願うお祭りです。

3 (1)「私たちを訪ねる」は visit us と表す。「もし私たちの町に来たら」は「もしあなたが私たちの町に来たら」ということなので，if のあとに主語 you をおく。　(2) **〈I wish＋仮定法〉「～ならいいのに」**で表す。I wish のあとは **〈主語＋(助)動詞の過去形 ～〉** となる。仮定法の文ではbe動詞は主語に関係なく were を使う。is が不要。
(3)「まだ～していない」は現在完了〈完了〉「～してしまった」の否定文で表せるので，「まだ宿題を終えていません」は has not finished his homework (yet) と表す。**not ～ yet は「まだ～ない」**という意味。does が不要。　(4) **「～を…にしておく」**は **〈keep＋目的語＋補語〉** で表せるので，keeps the room clean とする。頻度を表す副詞 always「いつも」は一般動詞の直前におく。tells が不要。

4 (1) 主語にあたる名詞がないので，命令文と考え，don't use Japanese「日本語を使ってはいけません」とする。和訳 A：ヨウコ，このゲームの間は日本語を使ってはいけません。B：わかりました，使いません。　(2) give は〈give＋人＋もの〉の形で表せるが，to があるので，〈give＋もの＋to＋人〉の形を用いる。「人」も「もの」も代名詞の場合，原則として×give me it ではなく，この形を使う。和訳 A：メアリー，あなたはすてきなかばんを持っていますね。B：ありがとう，キョウコ。私の祖母が誕生日にそれを私にくれました。
(3) be famous for ～「～で有名である」のあとに selling bikes「自転車を売っていること」という動名詞句を続ける。made in ～ で「～製の」。和訳 A：見て。あの店にたくさんの人々がいます。B：それはフランス製の自転車を売っていることで有名です。
(4) Aが「それら（２枚の写真）を見せましょう」と言っていることと，(　)内に better と than

があることから，２枚の写真を比較している文だとわかる。looks better than ～「～よりよく見える」と並べ，さらに過去分詞 taken を形容詞用法として主語の the picture の後ろに続ければ，(the picture) taken in Hiraizumi looks better than ～「平泉で撮られた写真は～よりよく見える」となり，文意が通る。 **和訳** A：私は２枚の写真を持っています。それらをあなたに見せましょう。B：ああ，平泉で撮られた写真は岩手山の写真よりよく見えます。

(5)「卵をいくつか買ってきてくれる？」という応答から，「何かしてほしいことはありますか」という内容の疑問文をつくると考える。「してほしい」は「あなたが私にしてほしい」という意味なので，**〈want＋人＋to ～〉「(人)に～してほしい」**を使って you want me to do と表す。これを anything のあとにおけば，anything that you want me to do の関係代名詞 that を省略した形になる。 **和訳** A：何か私にしてほしいことはありますか，お母さん。B：ええ。スーパーマーケットで卵をいくつか買ってきてくれる？

(6) what to do「何をすればよいか」という語句がつくれるので，これを〈show＋人＋もの〉の〈もの〉に入れると，「私たちに何をすればよいか教える」という意味になる。using を動名詞と考えて by using (a computer)とすれば，「コンピュータを使うことによって」という意味になるので，全体として意味の通る文ができる。used が不要。 **和訳** A：コンピュータを使って何をするべきか，私たちに教えてください。B：わかりました，そうしましょう。 (7) (　) のあとに large as とあるので，**〈as＋原級＋as ...〉「…と同じくらい～」**を使った文だとわかる。主語が I なので，(I) think「私は～と思う」を最初におく。thanが不要。 **和訳** A：私はこの箱のような大きな箱がもう１つ必要です。B：ええと，あの箱はこの箱と同じくらい大きいと思います。

5 (1)「あなたが私の誕生日を覚えていた」のだから，glad[happy]に(that) you remember(ed) my birthday を続ける。glad[happy] to remember ～ では，私が自分の誕生日を覚えていてうれしいことになる。 (2)「手伝いましたか」なので過去の疑問文。**「(人)が～するのを手伝う」**は**〈help＋人＋動詞の原形〉**で表す。Did you help him clean the classroom? とする。〈help＋人＋to ～〉を使ってDid you help him to clean the classroom?とすることもできる。

6 (1) 下線部(1)を含む文は「後に，人々は木からつくられた紙が書くのに最も適していると考え，人々はそれを使い始めました」という意味なので，it は paper made from trees「木からつくられた紙」のことだとわかる。 (2) 直前の文に「さらに，それらは軽くて持ち運びやすいのです」とあるので，この内容から答える。 (3) それぞれの空所のあとの文の内容から，strong (　) water は「水に対して強い」，strong (　) fire は「火に対して強い」という意味だとわかる。「～に対して」は**エ** against で表す。 (4) □の直前に「これらの新しい種類の紙は便利で，そして～」とあるので，□にはよいイメージの内容が入る。**ア**「それらは私たちの生活をよりよいものにするかもしれない」はよいイメージ。**イ**「それらは箱をつくるにはやわらかすぎる」や**ウ**「それらに何も特別な点はない」はよくないイメージの内容なので，合わない。**エ**「それらは紙のつくり方を私たちに教えるだろう」は機能紙の説明に合わない。よって，**ア**が正解。

和訳 約2000年前，中国の人が木から紙をつくる方法を開発しました。それ以前は，人々は書きつけるのにほかの物を使っていました。人々は石や動物の皮のような多くの物に書こうとしていました。後に，人々は木からつくられた紙が書くのに最も適していると考え，人々はそれを使い始めました。

ご存じのように，私たちは本や新聞や紙コップに紙を使います。私たちはまた，それを段ボール箱をつくるのにも使います。中には，紙は箱をつくるにはやわらかすぎるので，プラスチックや金属を使ったほうがよいと考える人もいます。実際，これらの物は紙よりも丈夫ですが，私たちは紙をたくさん重ねると紙を強くすることができます。段ボール箱を使い終わったら，私たちはそれらを簡単にリサイクルしたり処分したりすることができます。さらに，それらは軽くて持ち運びやすいのです。こうしたことはそれらの長所です。

あなたは「機能紙」を知っていますか。これは特殊な紙です。世界には多くの種類の「機能紙」があります。例えば，水に強い紙があります。私たちは雨の中や水の中でそれに書くことができます。火に強い紙もあります。私たちは家の壁紙としてこの種の紙を使います。新しい種類の機能紙を開発している会社もあります。これらの新しい種類の紙は便利で，私たちの生活をよりよいものにするかもしれません。将来，私たちは「機能紙」を使って何ができるでしょうか。

受験合格への道

受験の時期までにやっておきたい項目を，
目安となる時期に沿って並べました。
まず，右下に，志望校や入試の日付などを書き込み，
受験勉強をスタートさせましょう！

受験勉強スタート！

夏
秋

中学３年間を総復習する

まずは本書を使って中学３年間の基礎を固めましょう。**自分の苦手な単元，理解が不十分な単元，得点源となりそうな得意な単元を知っておくことが重要です。**

単元別に対策する

①50点未満 だった単元
→理解が十分でないところがあります。教科書やワーク，参考書などのまとめのページをもう一度読み直してみましょう。何につまずいているのかを確認し，ここでしっかり克服しておくことが大切です。

②50～74点 だった単元
→基礎は身についているようです。理解していなかった言葉や間違えた問題については，「基礎問題」のまとめのコーナーや解答解説をよく読み，正しく理解しておくようにしましょう。

③75～100点 だった単元
→よく理解できているので得意分野にしてしまいましょう。いろいろなタイプの問題や新傾向問題を解いて，あらゆる種類の問題，出題形式に慣れておくことが重要です。

志望校の対策を始める

実際に受ける学校の過去問を確認し，傾向などを知っておきましょう。過去問で何点とれたかよりも，出題形式や傾向，雰囲気に慣れることが大事です。また，似たような問題が出題されたら，必ず得点できるよう，復習しておくことも重要です。

冬

最終チェック

付録の「要点まとめブック」などを使って，全体を見直し，理解が抜けているところがないか，確認しましょう。**入試では，基礎問題を確実に得点することが大切です。**

入試本番！

志望する学校や入試の日付などを書こう。